줄리줄스의 열두 띠 손뜨개 인형

줄리줄스 지음

코바늘로 만드는
귀엽고 사랑스러운
동물 인형과 소품

버튼북스

CONTENTS

PROLOGUE

6

재료 한눈에 보기

8

손뜨개 시작하기

10

기본 뜨개법 익히기

12

메인 인형 만들기

34

열두 띠 인형 만들기

46

THANKS TO

124

PROLOGUE

줄리줄스 아뜰리에(Juliejulz'Atelier)를 방문해주시는 분들께서
제일 많이 하시는 질문이 있어요.

"이렇게 어린 분이 뜨개질은 어떻게 시작하게 됐어요?"

오래 전부터 '미친 듯이' 좋아하는 취미를 직업으로 삼고 싶었고
그 취미를 찾기 위해 많은 노력을 했답니다.
기쁠 때나 슬플 때나 의지하게 되는 그런 취미를 찾아 헤매다가
뜨개질을 만나게 되었는데, 바로 이 뜨개질이 제게는
가장 친한 친구이자 가장 큰 위안이 되어주었어요.

살아오면서 가장 힘들다고 느꼈던 순간에도
뜨개질을 하며 하루하루를 이겨냈던 기억이 납니다.
그렇게 '미친 듯이' 뜨개질을 하다 보니
어느새 이 취미가 제가 원하던 대로 직업이 되었고
그렇게 시작한 줄리줄스 아뜰리에도 어느덧 3년 가까이 운영 중이에요.

뜨개질을 시작하려는 사람들의 고정관념이 있죠.
아직까지도 뜨개질은 할머니들의 취미라고 생각하는데요.
이젠 젊은 감각으로 다양한 디자인의 뜨개질 소품과
간직하고 싶고 선물하고 싶은 인형을 만들 수 있다는 걸 알려드리고 싶었어요.
그렇게 이 책이 시작되었답니다.

새로운 취미를 갖고 싶은 사람들에게,
마음의 평화를 얻고 싶은 사람들에게,
이 책이 작은 즐거움이 되기를 바랍니다.

재료 한눈에 보기

실
84% Lana-wool, 14% Crilico-acrylic
100% Acrylic

코바늘 모사용
3호 : 찍찍이 코
4호 : 메인 인형 얼굴, 미니 인형, 소품
5호 : 메인 인형 얼굴을 제외한 모든 부분
8호 : 뱀 바구니

돗바늘

나사형 코
6mm 1개(강아지)

나무 시침핀
2개(크로바 뜨개용)

펠트
하트 만들 빨간색 펠트
용과 히포 날개 만들 노란색 펠트

타원형 나사 눈
12mm 12쌍(메인 인형)

미니 인형 단추 눈
5mm(1쌍 기준): 작은 뱀
6mm(1쌍 기준): 돼지, 토끼, 말, 황소, 강아지, 양, 백호, 히포
7mm(1쌍 기준): 병아리, 큰 뱀, 원숭이
8mm(1쌍 기준): 쥐

단수링

구름솜

쪽가위

겸자

와이어
약 35cm 이상

손뜨개 시작하기

실과 코바늘 잡는법

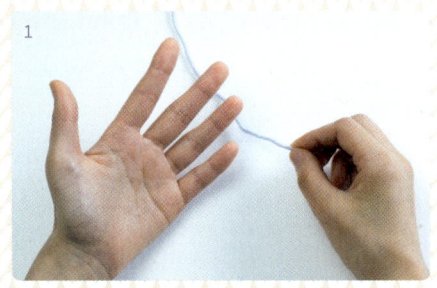

1
왼손은 쫙 펴고
오른손으로
실 끝을 잡는다.

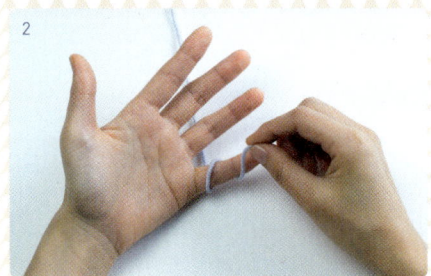

2
잡고 있는 실을
왼손 새끼손가락에
안에서 바깥쪽으로
한 바퀴 돌려서
감아준다.

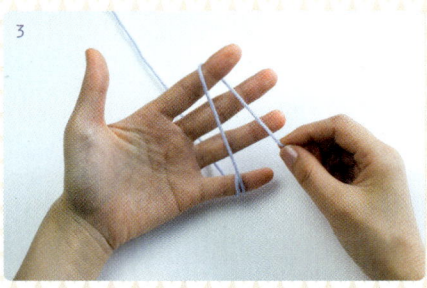

3
그대로 실을 끌어
안에서 바깥쪽
방향으로
검지에 건다.

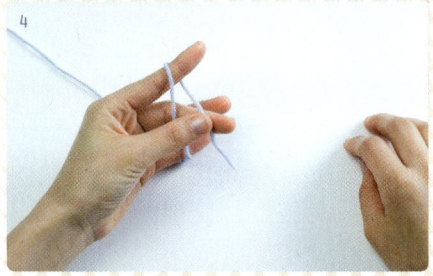

4
엄지와 중지로
실을 잡아준다.

5
오른손으로
연필을 쥐듯
코바늘을 잡아준다.

♥ 항상 기억하세요!

+ **열두 띠 메인 인형들은 두 가지 굵기의 실을 사용했어요.**
  얼굴은 4호에 맞는 굵기의 실을, 그 외 나머지는 5호에 맞는 굵기의 실을 사용해주되
  탄성이 많은 실은 피해주세요. 메인 인형 몸통은 84% Lana-wool,
  14% Crilico-acrylic 실을, 나머지는 100% Acrylic 실을 사용해 만들었어요.
  그리고 핸드메이드인 손뜨개 인형은 뜨는 사람에 따라
  사이즈가 크게 달라질 수 있다는 점 참고하세요.

+ **원형뜨기를 할 때는요.** 1단에서 특별한 언급이 없으면 기재된 횟수만큼
  짧은뜨기를 떠준 후에 반드시 첫 코에 빼뜨기를 해서 원을 완성해주세요.
  그리고 2단부터 마지막 단까지는 빼뜨기 없이 이어서 떠주세요.
  타원형뜨기는 1단에서 2단으로 넘어갈 때 첫 코에 빼뜨기 없이 이어서 떠주세요.

+ **평면뜨기는요.** 단마다 시작할 때 반시계 방향으로 돌린 후 기둥코 사슬 1개를
  떠주세요. 단, 매 단의 시작과 끝 어디서부터 해주셔도 상관없어요.

+ **봉접하기 팁!** 봉접용 실은 봉접할 둘레의 3~4배 정도 남겨두고 잘라주세요.

+ **솜 채울 때는,** 특별한 안내가 없을 경우 솜을 넣는 부분의 부피가
  다 채워질 때까지 빈 공간 없이 채워주세요.

+ **화려함 그 자체, 컬러풀 뱀!** 알록달록한 이 뱀을 떠줄 땐 단마다 실을 끊고
  새로운 실을 걸어서 떠줘야 해요(84쪽).

기본 뜨개법 익히기

귀여운 인형과 소품 만드는 데 필요한 재료와
코바늘 잡는 법, 손뜨개할 때 기억할 것들을 알았다면
지금부터는 기본 뜨개법을 배울 차례입니다.
동글동글한 인형의 얼굴과 몸통, 뾰족한 귀나 뿔 모두
기본 뜨개법들이 연결되어 완성된다는 사실!
기초 과정부터 차근차근, 꼼꼼히 익혀두세요.

사슬뜨기

1
엄지와 중지 사이에
실을 아래로 끌어당겨
잡으면 고리가 생긴다.

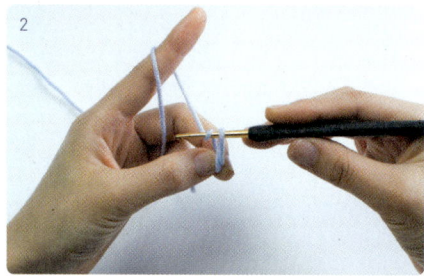

2
고리를 위로
올려준 후 코바늘에
실을 한번 감아서

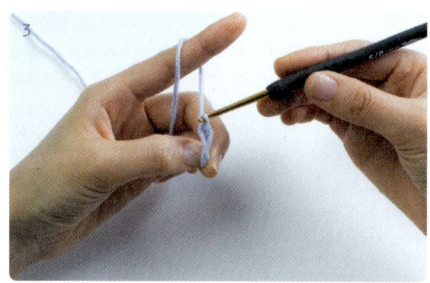

3~4
고리 사이로
통과시킨 후
짧은 실을 당겨주면
토대 코가 생긴다.

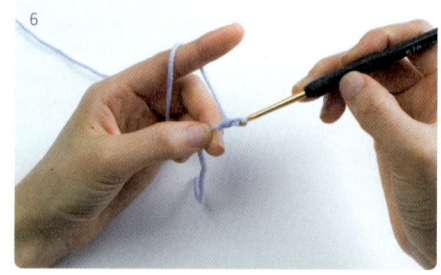

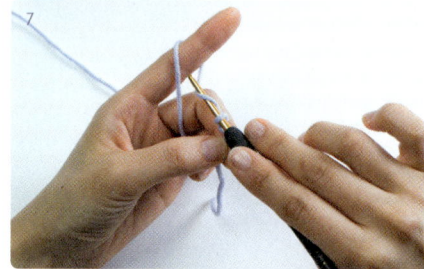

7~9
5~6번 과정 동안
필요한 개수만큼
사슬을 만들어준다.

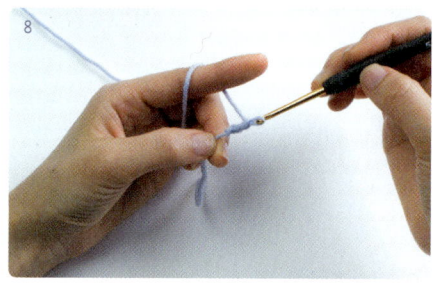

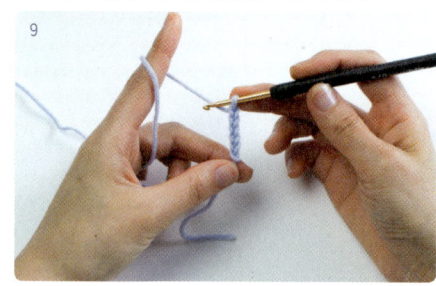

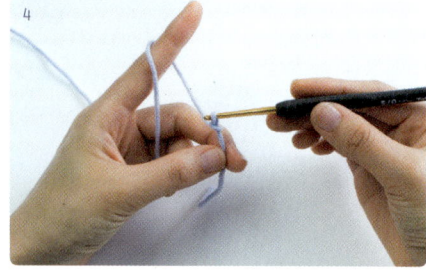

사슬뜨기가
완성된 모습

5~6
그 상태에서
코바늘에 실을 감아
고리 사이로 빼면
사슬 1코가 생긴다.

빼뜨기

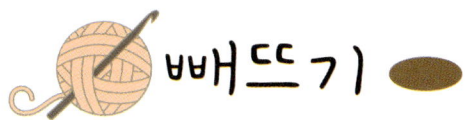

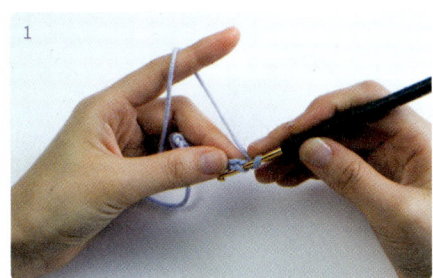

1
코에 바늘을 넣어준다.

빼뜨기가 완성된 모습

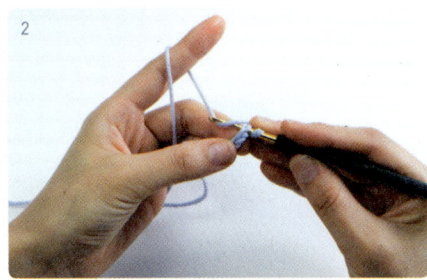

2~5
실을 걸어 앞으로 끌고나온 후 바늘에 걸린 고리까지 빼낸다.

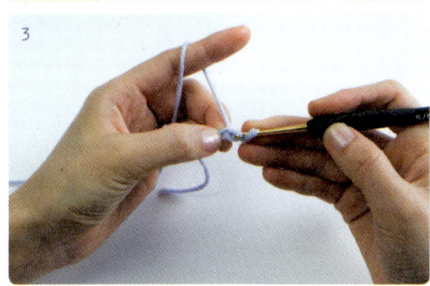

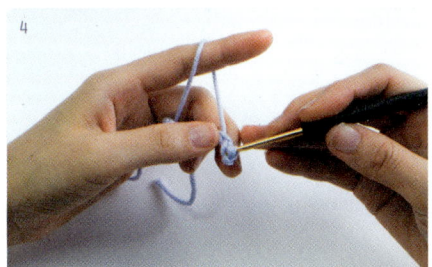

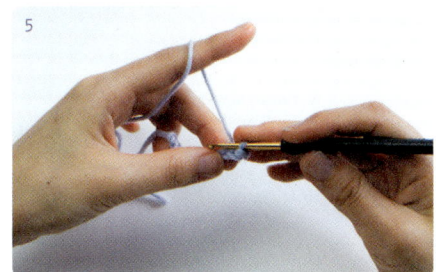

짧은뜨기 ×

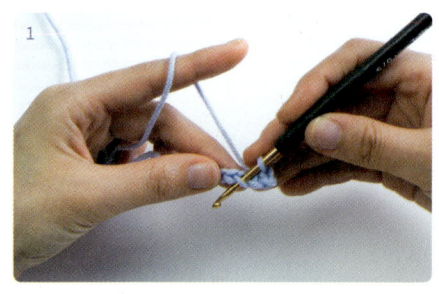

1
떠야 할 위치의 코에
바늘을 넣어준다.

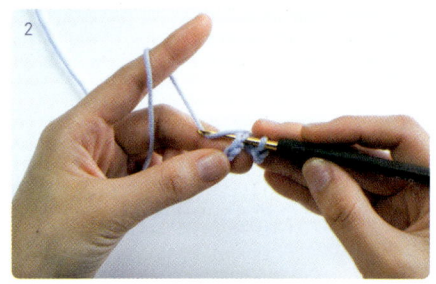

2~3
바늘을 실 뒤로 보낸
뒤 실을 걸어서
그대로 앞으로
끌어낸다.

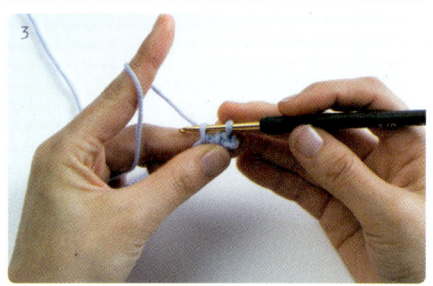

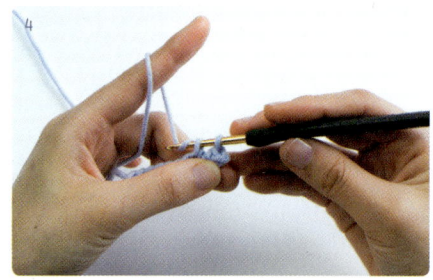

4~5
바늘에 고리가
2개 걸려 있을 때
실을 감아서
한 번에 빼낸다.

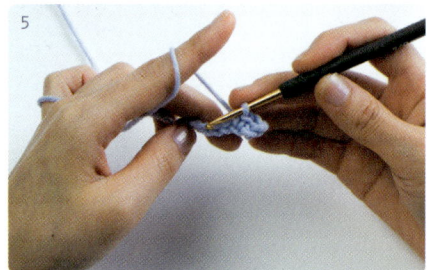

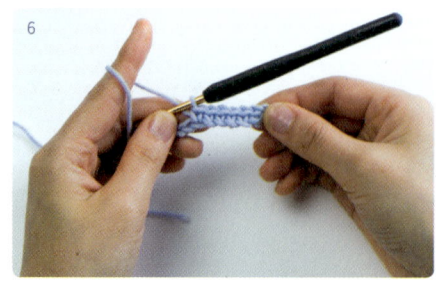

짧은뜨기가
완성된 모습

 # 원형뜨기

1

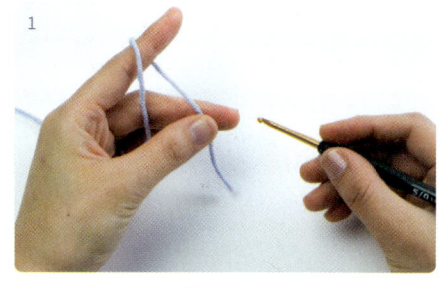

1~3
사진과 같이
고리를 만들어준다.

6

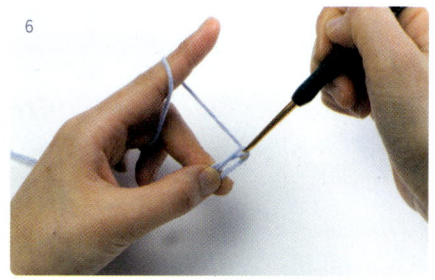

7

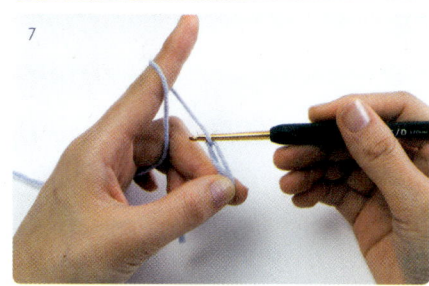

2

8

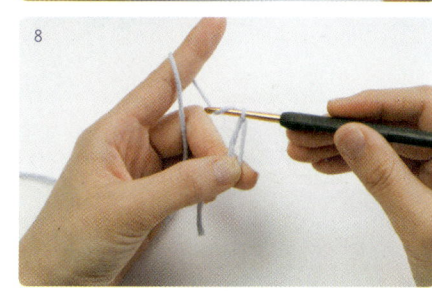

8~9
사슬뜨기를
1코 떠준다.

3

4

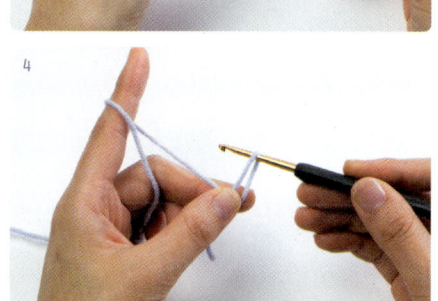

4~7
바늘을
고리 안에 넣고
실을 오른쪽
방향으로
끌고 나온다.

9

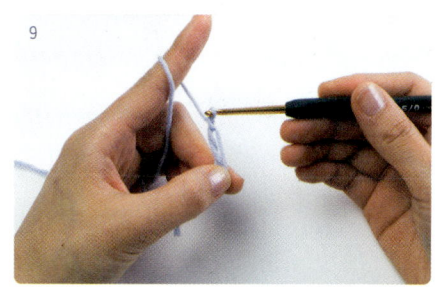

토대 코가
완성된 모습

5

10

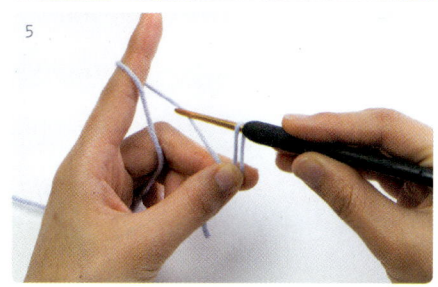

10~12
고리 안으로
바늘을 넣고
바늘에 실을 감아서
앞으로 빼낸다.

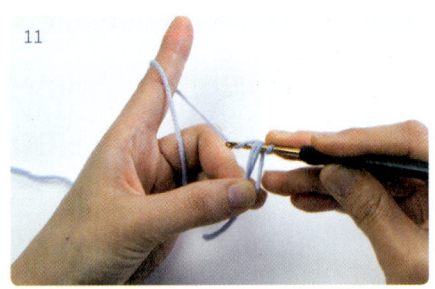

11

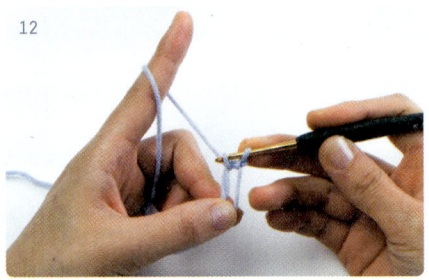

12

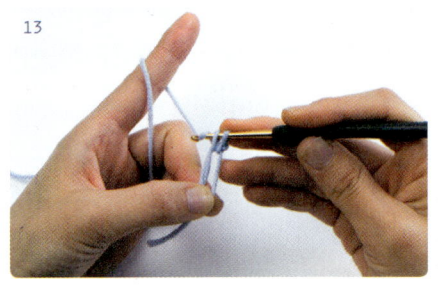

13

13~14
바늘에 고리가
2개 걸려 있을 때
실을 감아서 다 빼준다.

14

15

15
10~14와
같은 방법으로
짧은뜨기를 도안에서
제시한 개수만큼 떠준다.

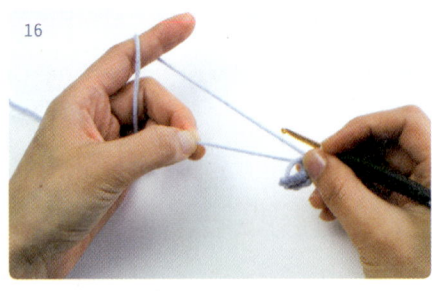

16

16~17
실 끝을 잡아당겨
원을 오므려준다.

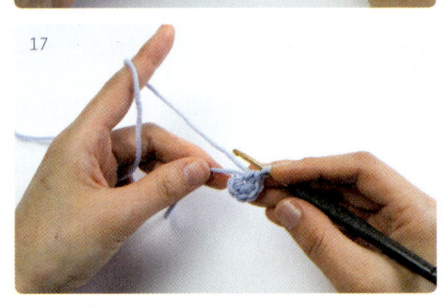

17

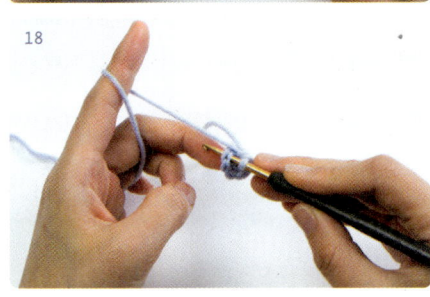

18

18~20
첫 번째 짧은뜨기에
바늘을 넣고
빼뜨기를 해준다.

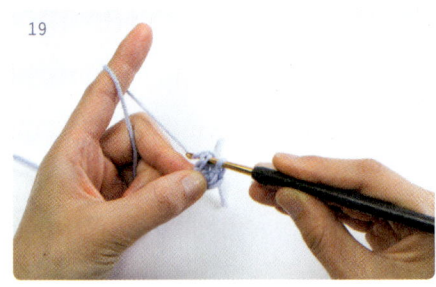

19

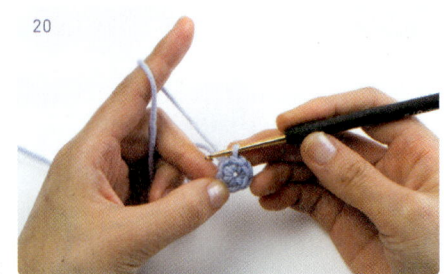

20

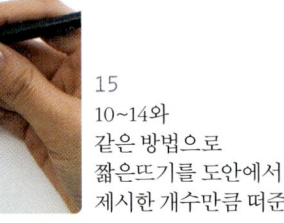

원형뜨기가
완성된 모습

 ## 코 늘리기 (=2코 늘리기)

1~2
코에 바늘을 넣고 실 뒤로 보낸 뒤 실을 걸어서 그대로 앞으로 빼낸다.

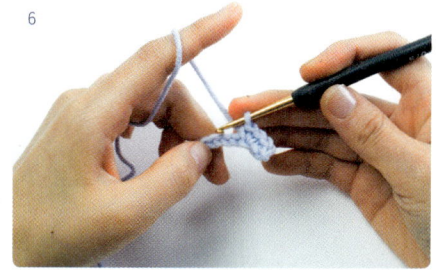

3
바늘에 고리가 2개 걸려 있을 때 실을 바늘에 감아서 한 번에 다 빼낸다.

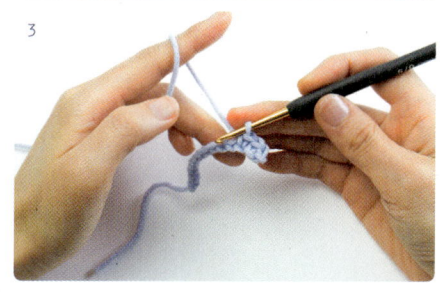

한 코에 짧은뜨기가 2개 들어간 모습

4~6
같은 코에 1~3까지의 동작을 반복해서 떠준다.

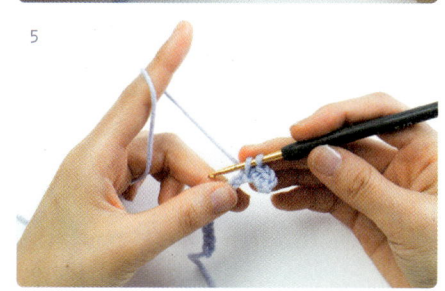

세 코 늘리기

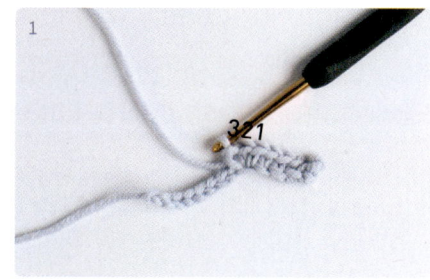

1
2코 늘리기와 같은 방식으로 뜨되 짧은뜨기 3개를 한 코에 다 떠준다.

 # 코 줄이기 (=2코 줄이기, 티 안 나게 코 줄이기)

1~2
앞에 있는
반 코에만
바늘을 넣어준다.

3~4
바늘에
실을 걸어서
앞쪽으로 빼낸다.

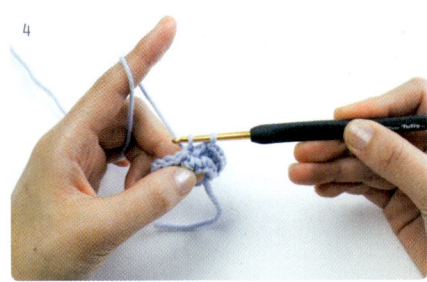

9~10
바늘에 총 3개의
고리가 생기면
실을 감아서
한 번에 빼낸다.

5~8
그 다음 앞 반 코에도
바늘을 넣어서 실을
걸고 그대로 앞쪽으로
빼낸다.

 ## 뒤반 코 걸어 이랑뜨기
(짧은뜨기)

 ## 앞반 코 걸어 이랑뜨기
(짧은뜨기)

1 뒤 반 코에만 바늘을 넣는다.

1 앞 반 코에만 바늘을 넣는다.

2 짧은뜨기를 뜨는 것과 같이 실을 감아 끌고 나온다.

2 짧은뜨기를 뜨는 것과 같이 실을 감아 끌고 나온다.

3~4 오른쪽 바늘에 고리가 2개 걸려 있을 때 다시 실을 감아서 고리 사이로 한 번에 빼준다.

3~4 오른쪽 바늘에 고리가 2개 걸려 있을 때 다시 실을 감아서 고리 사이로 한 번에 빼준다.

5 뒤 반 코만 걸어서 짧은뜨기를 떠줄 경우 사진과 같이 앞에 반 코씩 보인다.

 앞반 코 걸어 이랑뜨기
(빼뜨기)

1
앞 반 코에만
바늘을 넣는다.

2~4
빼뜨기를 하듯
실을 바늘에 감아
바늘에 걸린 고리를
한 번에 통과시켜준다.

빼뜨기가
완성된 모습

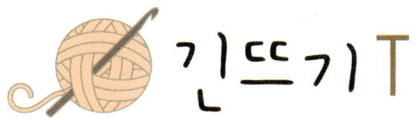

긴뜨기 T

1
바늘에 실을 한 번 감아준다.

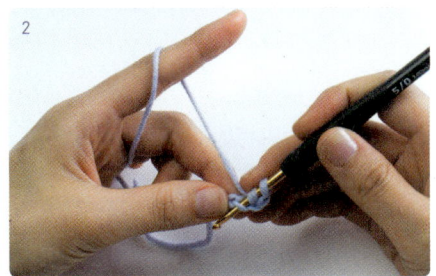

2
떠야 할 위치의 코에 바늘을 넣어준다.

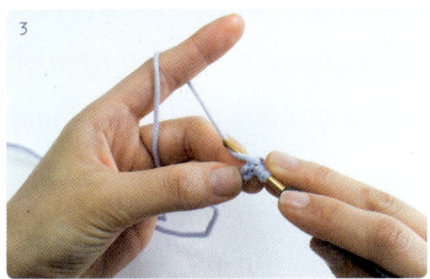

3~4
실을 걸어서 그대로 앞으로 빼낸다.

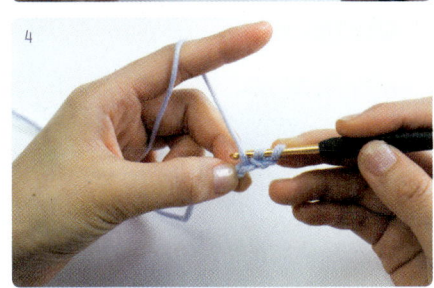

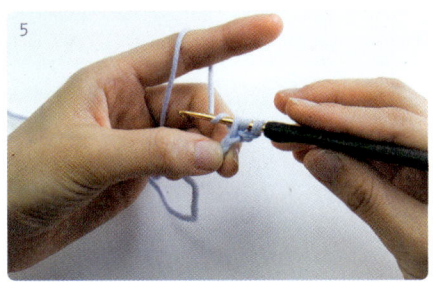

5~6
바늘에 고리가 총 3개일 때 실을 감아서 한 번에 빼낸다.

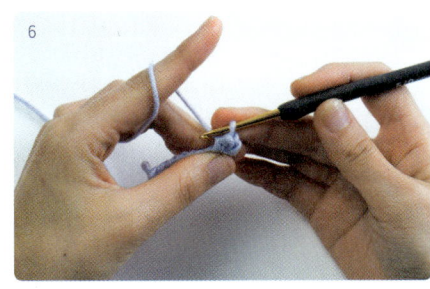

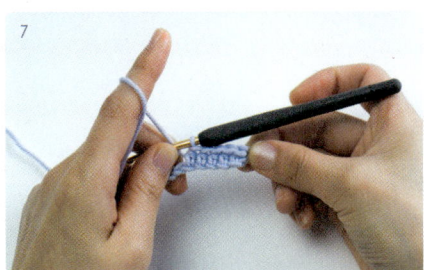

긴뜨기가 완성된 모습

 # 한 길 긴뜨기

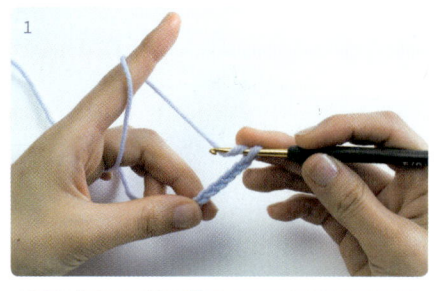

1 바늘에 실을 한 번 감아준다.

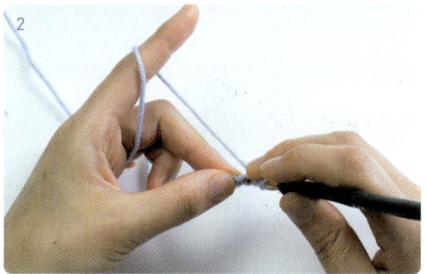

2 떠야 할 위치의 코에 바늘을 넣어준다.

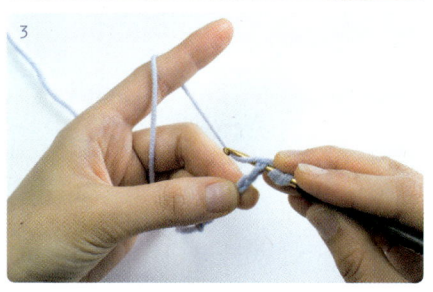

3~6 실을 걸어서 앞으로 빼낸다.

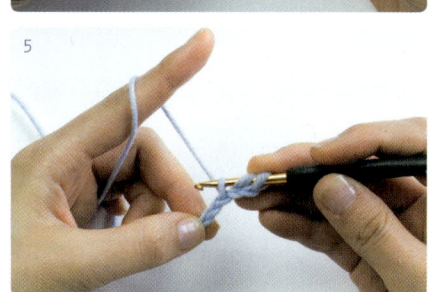

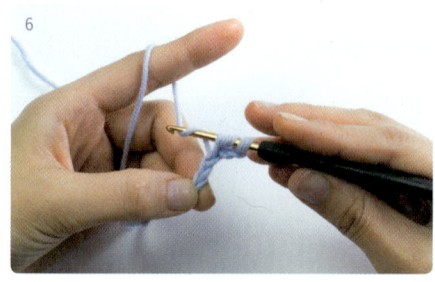

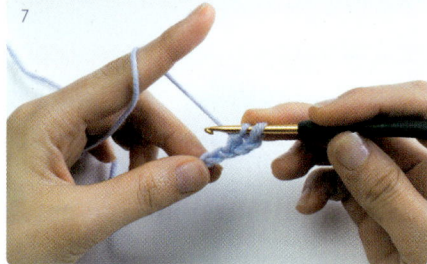

7~10 바늘에 고리가 3개 걸려 있을 때 실을 감아서 고리 사이로 2개를 통과시키고 다시 감아서 남은 2개도 통과해서 빼낸다.

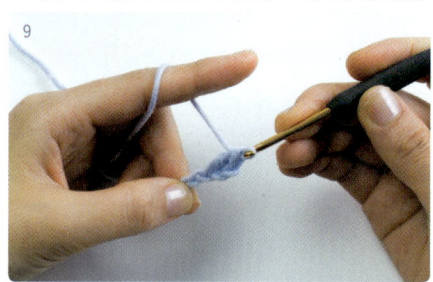

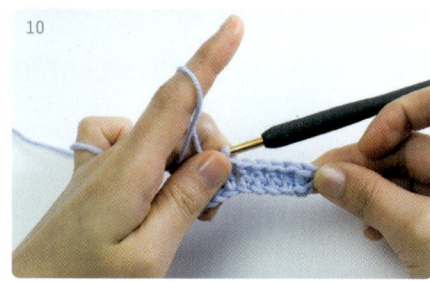

한 길 긴뜨기가 완성된 모습

 # 두 길 긴뜨기 ╤

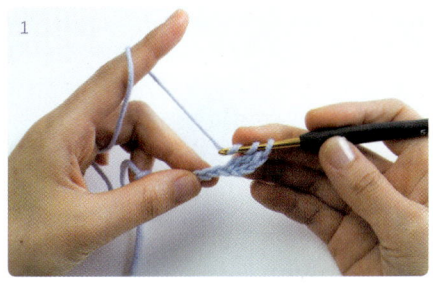

1~4
바늘에 실을 두 번 감고 코에 바늘을 넣은 후 실을 걸어서 그대로 앞으로 빼낸다.

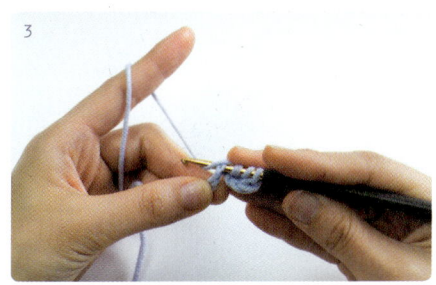

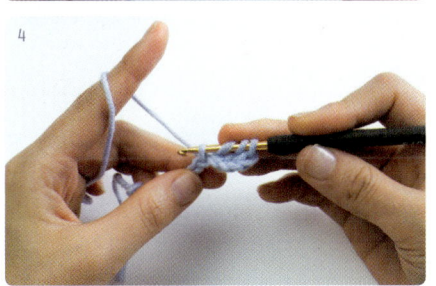

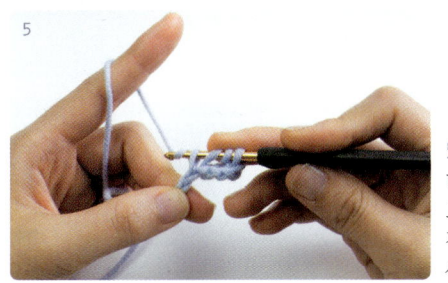

5~6
바늘에 총 4개의 고리가 걸리면 실을 감아서 2개의 고리 사이로 빼낸다.

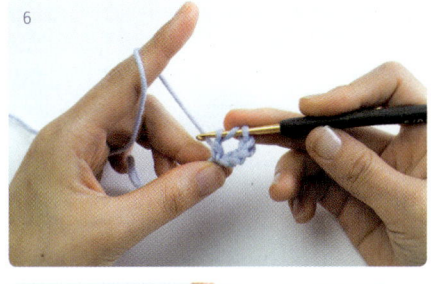

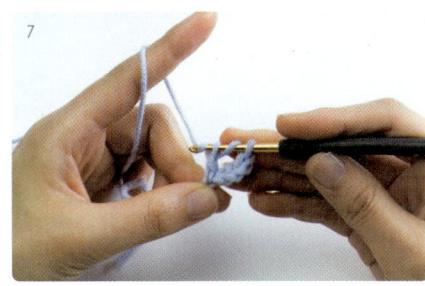

7~8
총 3개의 고리가 남으면 또 실을 감아서 2개의 고리 사이로 빼낸다.

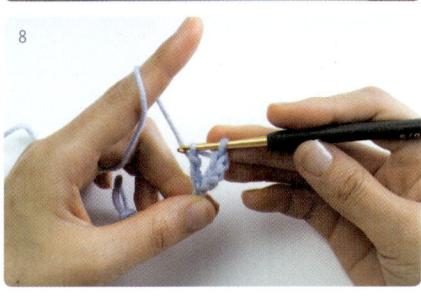

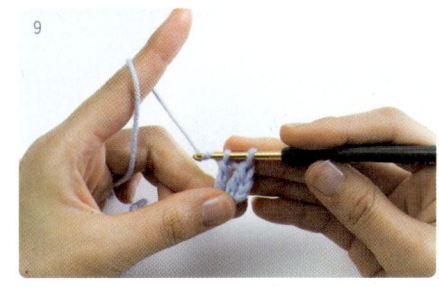

9~10
마지막에 총 2개의 고리가 남으면 한 번 더 실을 감아서 모두 다 빼낸다.

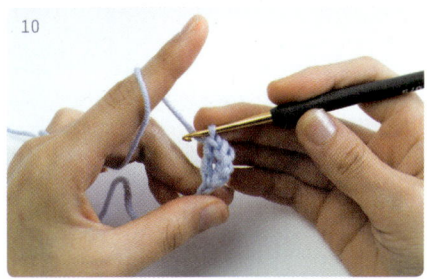

두 길 긴뜨기가 완성된 모습

세 길 긴뜨기

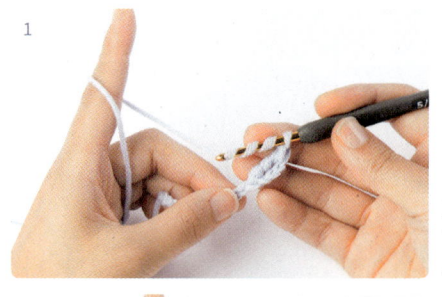

1
바늘에 실을
세 번 감아준다.

2
떠야 할 위치의 코에
바늘을 넣어준다.

3
왼쪽 검지에 걸려 있
는 실을 끌고 나온다.
오른쪽 바늘에
고리가 5개 걸려
있는지 확인해준다.

4
바늘에 실을 감아
오른쪽 첫 번째와
두 번째 고리를
통과시킨다.

5~7
같은 방법으로
세 번 더 반복해준다.

6

7

8

세 길
긴뜨기가
완성된 모습

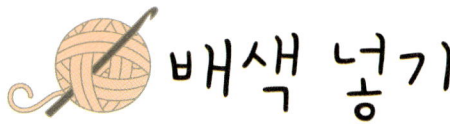
배색 넣기

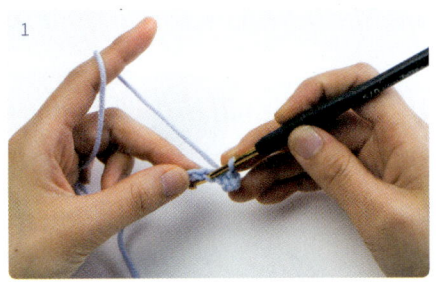

1
코에 바늘을 넣어준다.

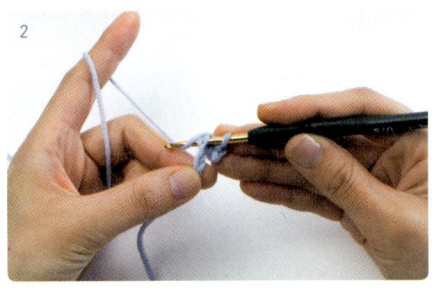

2~3
실을 걸어서 그대로 앞으로 빼낸다.

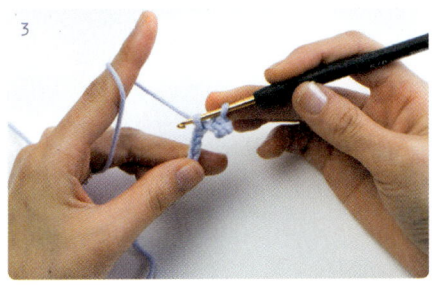

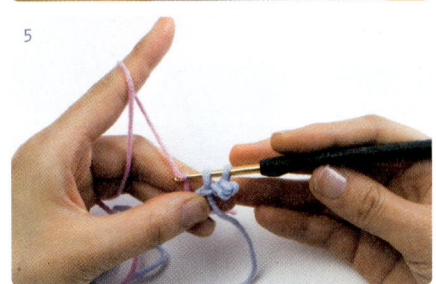

4~5
바늘에 고리가 2개 걸려 있을 때 색상을 바꿔서 한 번에 다 빼낸다.

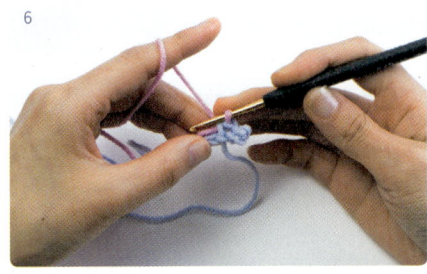

6
바뀐 색상의 실로 이어서 떠준다.

배색이 완성된 모습

Tip!
단마다 빼뜨기 없이 원형으로 뜰 경우, 배색할 때 단 차이가 생깁니다.

# 루프 스티치

1

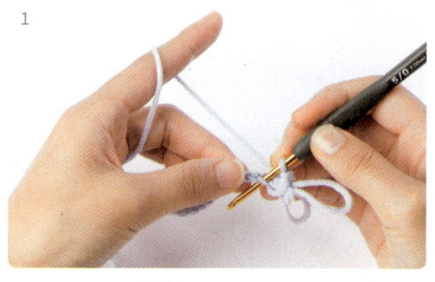

1 뜨고자 하는 위치(코)에 바늘을 넣는다.

2

2~6 바늘로 8자를 그리듯 1번 실 위를 지나 2번 실 왼쪽에서 오른쪽 방향으로 실을 걸어 처음 들어간 코 사이로 끌고 나온다.

3

4

5

6

7

7~9 왼쪽 손으로 실을 당겨서 루프 간격을 조절해준다. 다시 실을 잡고 짧은뜨기 마지막 단계를 뜨듯이 바늘에 한 번 감아서 화살표가 표시된 고리 사이를 모두 통과시킨다.

8

9

10

루프 스티치가 완성된 모습

 돗바늘 마무리  봉접하기

1~2
남은 6코를 화살표 방향대로 반 코씩만 통과시켜준다.

1
실을 돗바늘에 꿰준다.

2~8
위치를 맞춰준 후 위-아래-위-아래 순서대로 통과시켜준다. 실이 나온 곳으로 다시 들어가는 게 포인트다.

3
모두 통과한 후에 잡아당겨서 원을 좁혀준다.

4
남은 실은 땀 모양에 맞춰 두세 번 왔다갔다한 후 잘라준다.

대바늘 코잡기

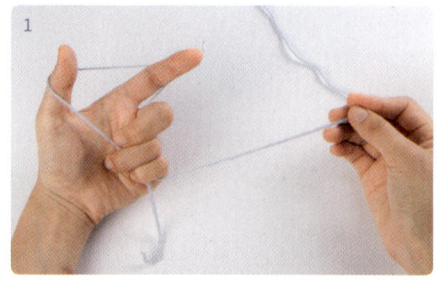

1

사진과 같이 왼손으로 권총 모양을 만든 후 실을 엄지와 검지에 걸어준다.

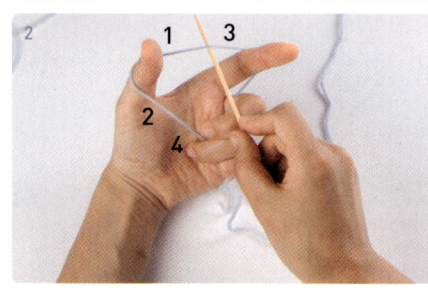

2~7

번호 순서대로 바늘을 통과시켜 준다.
1에서 시작해 엄지와 검지 사이 실 가운데를 아래에서 위로 살짝 끌어올려 2의 왼쪽 실 바깥쪽에서 안쪽고리 사이로 통과시키고 3의 바깥쪽에서 안쪽으로 감아 4의 고리를 통과시킨 후 양쪽 실을 잡아당기면 시작코 2개가 생긴다.

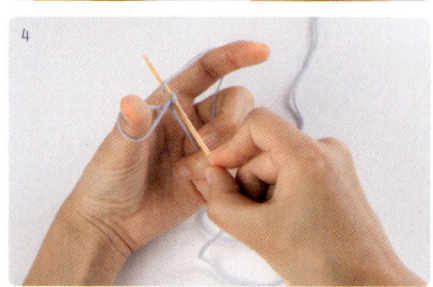

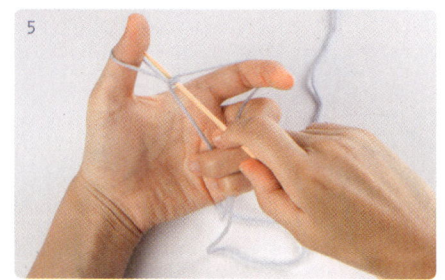

9

실을 통과시키면 사진과 같이 완성된다.

10

두세 번 통과 후 잡아당기기를 반복한다.
제대로 통과된 경우 사진과 같이 땀끼리 딱 맞는다.

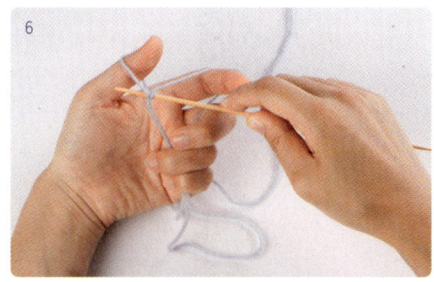

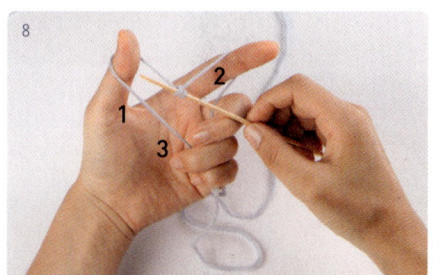

8
그 상태에서 사진과 같이 위치를 잡아준다.

9~12
이어서 1의 바깥쪽에서 안쪽 방향으로 고리를 통과시킨 후 2의 바깥쪽에서 안쪽을 지나 3의 안쪽에서 바깥쪽으로 통과시킨다.

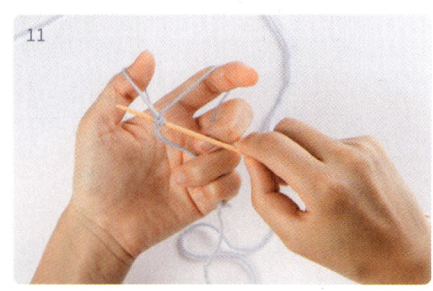

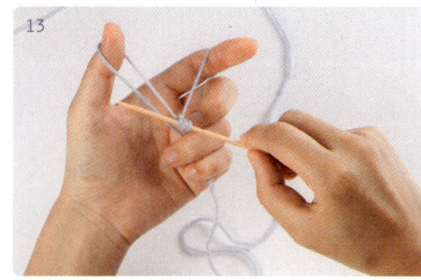

13
8~12번을 필요한 콧수만큼 만들어준다.

대바늘 겉뜨기

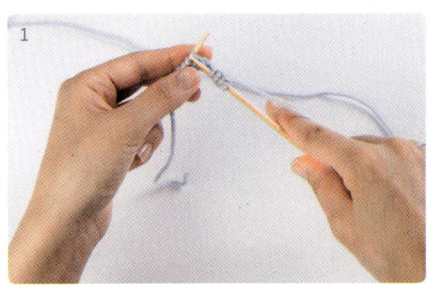

1~2
오른쪽 바늘을 왼쪽 바늘에 걸려 있는 코 앞으로 가져와 오른쪽 방향으로, 왼쪽 바늘의 뒤편으로 넣어준다. 이때 걸려 있는 실은 오른쪽 바늘 뒤에 위치해야 한다.

3~5
뒤에 걸려 있는 실을 오른쪽 바늘에 반시계 방향으로 한 바퀴 감아준다.

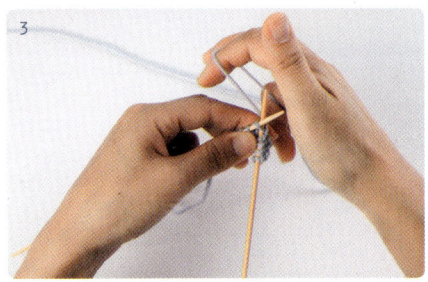

6~8
감은 실을 오른쪽 바늘에 밀착시킨 후 오른쪽 바늘을 왼쪽 바늘에 걸린 코 앞으로 감긴 실을 걸어서 빼준다.

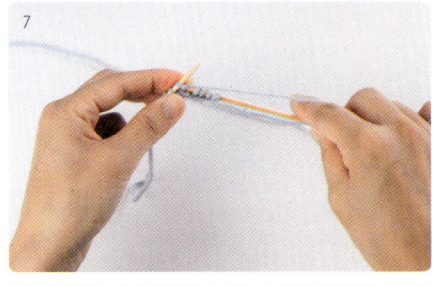

9~10
왼쪽 바늘에 걸려 있는 코를 완전히 빼주면 오른쪽 바늘에 한 코가 옮겨지면서 겉뜨기 한 코가 완성된다.

대바늘 안뜨기

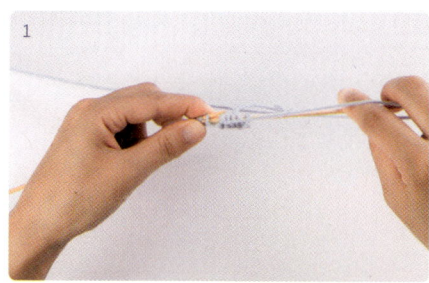

1
오른쪽 바늘을 왼쪽 바늘에 걸려 있는 코 앞으로, 왼쪽 방향으로 넣어준다. 이때 걸려 있는 실은 오른쪽 바늘 앞에 위치하게 해준다.

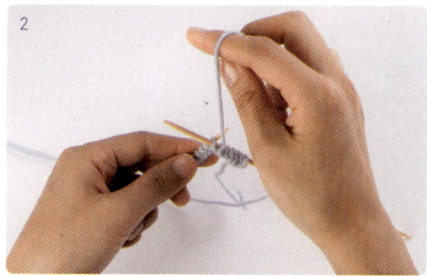

2~4
앞에 걸려 있는 실을 오른쪽 바늘에 반시계 방향으로 한 바퀴 감아준다.

5~6
감은 실을 오른쪽 바늘에 밀착시킨 후 오른쪽 바늘을 왼쪽 바늘에 걸려 있는 코 뒤로 감긴 실을 걸어서 빼준다.

7~8
왼쪽 바늘에 걸려 있는 코를 완전히 빼주면 오른쪽 바늘에 1코가 옮겨지면서 안뜨기 1코가 완성된다.

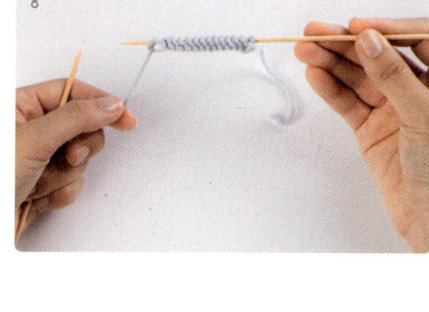

메인 인형 만들기

열두 띠 인형들의 얼굴과 몸통, 팔다리 모양은 모두 같아요.
다른 색깔의 옷을 입혀주고 후드를 씌워서
각기 다른 귀나 뿔, 꼬리 모양까지 살려주면
개성 넘치는 동물로 새롭게 태어난답니다.
메인 인형의 공통되는 부분을 다 만들었다면 얼굴과 몸통,
팔, 다리, 귀, 이외의 부분들을 순서대로 봉접해주세요.

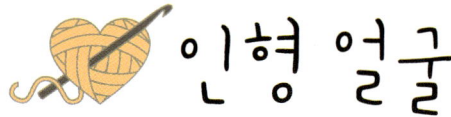# 인형 얼굴

코바늘 모사용 4호, 살색

다양한 색상의 실을 이용해 열두 띠 인형을 만들어 볼까요?
우선 동글동글 귀여운 얼굴을 먼저 떠주세요.

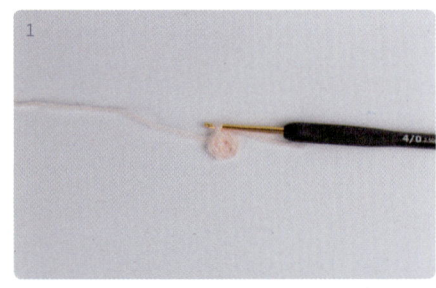

1
원형 고리 안에 짧은뜨기 6개를 떠준 후 첫 코에 빼뜨기를 해서 원을 완성한다.

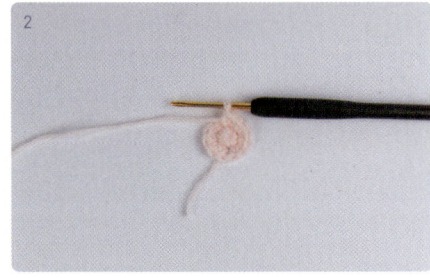

2
짧은뜨기를 한 코에 2개씩 떠서 코 늘리기를 총 6회 떠준다.

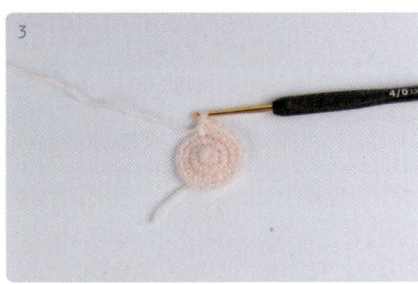

3
다음 코에 (짧은뜨기 하나, 그 다음 코에 늘리기)를 한 세트로 총 6번 떠준다.

4
다음 코에 짧은뜨기 1개, 그 다음 코에는 늘리기를 해주고 다음부터는 (짧은뜨기 2개 뜨고 그 다음 코에 늘리기)를 한 세트로 총 5번 떠준 후 나머지 한 코에 짧은뜨기 1개를 떠준다.

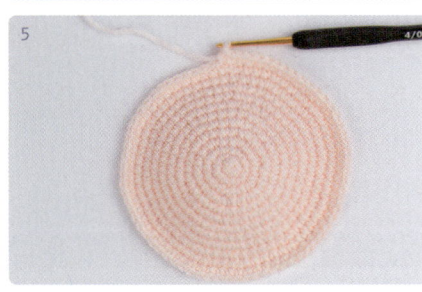

5
5단부터 12단까지 도안대로 총 72코가 될 때까지 늘려준다.

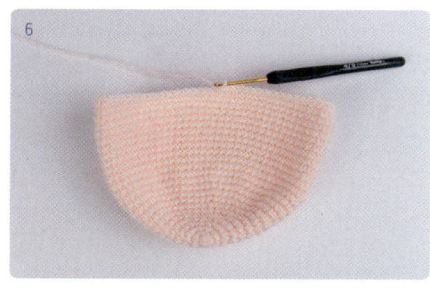

6~7
13단에서 25단까지
총 13단을
짧은뜨기로만
떠준다.

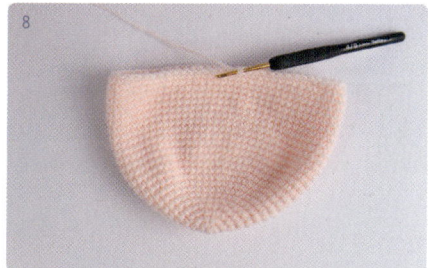

8
26단은 짧은뜨기를
3개 떠준 후 2코를 줄
이고 (짧은뜨기 6개
를 뜨고, 코 줄이기)를
한 세트로 총 8번 떠준
다음, 남은 3코에 짧은
뜨기 한 개씩 떠준다.

9
이어서 29단까지 줄여
준 후 18단과 19단 사
이, 10코 간격을 두고
눈을 달아준다.

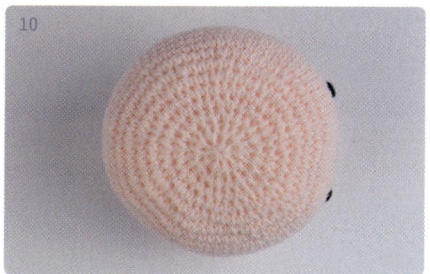

10
도안을 보면서
총 9코가 남을 때까지
줄여준 후 돗바늘
마무리를 해준다.

단수	설명	코수
1	원형 고리 안에 짧은뜨기×6회, 빼뜨기	6
2	코 늘리기×6회	12
3	(짧은뜨기×1회, 코 늘리기)×6회	18
4	짧은뜨기×1회, 코 늘리기, (짧은뜨기×2회, 코 늘리기)×5회, 짧은뜨기×1회	24
5	(짧은뜨기×3회, 코 늘리기)×6회	30
6	짧은뜨기×2회, 코 늘리기, (짧은뜨기×4회, 코 늘리기)×5회, 짧은뜨기×2회	36
7	(짧은뜨기×5회, 코 늘리기)×6회	42
8	짧은뜨기×3회, 코 늘리기, (짧은뜨기×6회, 코 늘리기)×5회, 짧은뜨기×3회	48
9	(짧은뜨기×7회, 코 늘리기)×6회	54
10	짧은뜨기×4회, 코 늘리기, (짧은뜨기×8회, 코 늘리기)×5회, 짧은뜨기×4회	60
11	(짧은뜨기×9회, 코 늘리기)×6회	66
12	짧은뜨기×5회, 코 늘리기, (짧은뜨기×10회, 코 늘리기)×5회, 짧은뜨기×5회	72
13~25	짧은뜨기×72회	72
26	짧은뜨기×3회, 코 줄이기, (짧은뜨기×6회, 코 줄이기)×8회, 짧은뜨기×3회	63
27	(짧은뜨기×5회, 코 줄이기)×9회	54
28	짧은뜨기×2회, 코 줄이기, (짧은뜨기×4회, 코 줄이기)×8회, 짧은뜨기×2회	45
29	(짧은뜨기×3회, 코 줄이기)×9회	36
눈 달기		
솜 채우기		
30	짧은뜨기×1회, 코 줄이기, (짧은뜨기×2회, 코 줄이기)×8회, 짧은뜨기×1회	27
31	(짧은뜨기×1회, 코 줄이기)×9회	18
32	코 줄이기×9회	9
돗바늘 마무리 후 실 정리		

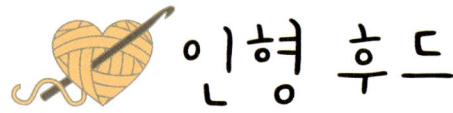
인형 후드

코바늘 모사용 5호 / 밤색

1~2
1~11단은 도안을 보면서 총 66코가 될 때까지 늘려주고 12~14단에서는 증감 없이 떠준 다음 15단부터 총 48코가 남을 때까지 줄여준다.

코를 줄일 땐 너무 팽팽하게 당기지 않는다

3
코를 줄인 부분이 얼굴 위로 가도록 씌워준다.

완성된 후드의 모습은 약간 쭈글쭈글하지만 인형 얼굴에 씌워주면 딱 맞게 변신!

Tip! 실은 10cm 정도 남겨두고 정리한다.

단수	설명	코수
1	원형 고리 안에 짧은뜨기×6회, 빼뜨기	6
2	코 늘리기×6회	12
3	(짧은뜨기×1회, 코 늘리기)×6회	18
4	짧은뜨기×1회, 코 늘리기, (짧은뜨기×2회, 코 늘리기)×5회, 짧은뜨기×1회	24
5	(짧은뜨기×3회, 코 늘리기)×6회	30
6	짧은뜨기×2회, 코 늘리기, (짧은뜨기×4회, 코 늘리기)×5회, 짧은뜨기×2회	36
7	(짧은뜨기×5회, 코 늘리기)×6회	42
8	짧은뜨기×3회, 코 늘리기, (짧은뜨기×6회, 코 늘리기)×5회, 짧은뜨기×3회	48
9	(짧은뜨기×7회, 코 늘리기)×6회	54
10	짧은뜨기×4회, 코 늘리기, (짧은뜨기×8회, 코 늘리기)×5회, 짧은뜨기×4회	60
11	(짧은뜨기×9회, 코 늘리기)×6회	66
12~14	짧은뜨기×66회	66
15	(짧은뜨기×9회, 코 줄이기)×6회	60
16	짧은뜨기×22회, 코 줄이기, 짧은뜨기×12회, 코 줄이기, 짧은뜨기×22회	58
17	짧은뜨기×22회, 코 줄이기, 짧은뜨기×10회, 코 줄이기, 짧은뜨기×22회	56
18	짧은뜨기×22회, 코 줄이기, 짧은뜨기×8회, 코 줄이기, 짧은뜨기×22회	54
19	짧은뜨기×22회, 코 줄이기, 짧은뜨기×6회, 코 줄이기, 짧은뜨기×22회	52
20	짧은뜨기×22회, 코 줄이기, 짧은뜨기×4회, 코 줄이기, 짧은뜨기×22회	50
21	짧은뜨기×50회	50

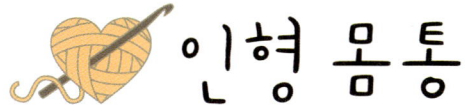
인형 몸통

> **Tip!**
> 몸통은 위에서부터 아래로 떠 준다.

단수	설명	코수
1	원형 고리 안에 짧은뜨기×6회, 빼뜨기	6
2	코 늘리기×6회	12
3	(짧은뜨기×1회, 코 늘리기)×6회	18
4	짧은뜨기×1회, 코 늘리기, (짧은뜨기×2회, 코 늘리기)×5회, 짧은뜨기×1회	24
5	(짧은뜨기×3회, 코 늘리기)×6회	30
6	짧은뜨기×2회, 코 늘리기, (짧은뜨기×4회, 코 늘리기)×5회, 짧은뜨기×2회	36
7	(짧은뜨기×5회, 코 늘리기)×6회	42
8	짧은뜨기×42회	42
9	(짧은뜨기×6회, 코 늘리기)×6회	48
10~12	짧은뜨기×48회	48
13	(짧은뜨기×7회, 코 늘리기)×6회	54
14~16	짧은뜨기×54회	54
17	(짧은뜨기×17회, 코 늘리기)×3회	57
18	짧은뜨기×9회, 코 늘리기, (짧은뜨기×18회, 코 늘리기)×2회, 짧은뜨기×9회	60
19~22	짧은뜨기×60회	60
23	(짧은뜨기×19회, 코 늘리기)×3회	63
24~27	짧은뜨기×63회	63
28	짧은뜨기×4회, 코 늘리기, (짧은뜨기×8회, 코 늘리기)×6회, 짧은뜨기×4회	70
29	짧은뜨기×4회, 코 줄이기, (짧은뜨기×8회, 코 줄이기)×6회, 짧은뜨기×4회	63
30	(짧은뜨기×7회, 코 줄이기)×7회	56
31	짧은뜨기×3회, 코 줄이기, (짧은뜨기×6회, 코 줄이기)×6회, 짧은뜨기×3회	49
32	(짧은뜨기×5회, 코 줄이기)×7회	42
	솜 채우기	
33	짧은뜨기×2회, 코 줄이기, (짧은뜨기×4회, 코 줄이기)×6회, 짧은뜨기×2회	35
34	(짧은뜨기×3회, 코 줄이기)×7회	28
35	짧은뜨기×1회, 코 줄이기, (짧은뜨기×2회, 코 줄이기)×6회, 짧은뜨기×1회	21
36	(짧은뜨기×1회, 코 줄이기)×7회	14
37	코 줄이기×7회	7
	돗바늘 마무리 후 실 정리	

> **Tip!**
> 실은 10cm 정도 남겨두고 정리한다.

 # 인형 팔과 다리 팔

1~2
도안을 보고 1~5단까지 떠준다. 6단은 짧은뜨기 11개를 뜬 후 화살표 표시가 있는 코에 한 길 긴뜨기 4개를 한 코에 다 떠주고 이어서 남은 세 코에 짧은뜨기를 한 개씩 떠준다.

3~4
이어서 7단은 짧은뜨기 11개를 뜬 후 한 길 긴뜨기 4개를 짧은뜨기로 한꺼번에 코 줄이기를 해준다. 이어서 남은 3개의 코에 짧은뜨기를 한개씩 떠준다.

5
도안을 보면서 팔을 완성한다.

단수	설명	코수
1	원형 고리 안에 짧은뜨기×5회, 빼뜨기	5
2	코 늘리기×5회	10
3	(짧은뜨기×1회, 코 늘리기)×5회	15
4~5	짧은뜨기×15회	15
6	짧은뜨기×11회, 다음 코에 한 길 긴뜨기 4회, 짧은뜨기×3회	18
7	짧은뜨기×11개를 뜬 후 한 길 긴뜨기 4개를 짧은뜨기로 코 줄이기를 해준다. 이어서 짧은뜨기×3회	15
8~26	짧은뜨기×15회	15
	솜 1/2 채우기	

✚ 다리 A

단수	설명	코수
1	원형 고리 안에 짧은뜨기×6회, 빼뜨기	6
2	코 늘리기를 6회	12
3	(짧은뜨기×1회, 코 늘리기)×6회	18
4~8	짧은뜨기×18회	18

Tip!
다리는 A, B, C 로 나뉘어 있어, 순서대로 연결해가며 떠준다.

✚ 다리 B

1~3
다리A에서 다리B를 다음과 같이 이어서 떠준다. 짧은뜨기 9개를 뜬 후 반시계 방향으로 돌려서 화살표가 표시된 자리(실이 걸려 있는 코의 다음 코)부터 시작해서 1단부터 5단까지 도안을 보면서 총 5코가 남을 때까지 떠준다.

4
총 5코가 남을 때까지 떠주면 사진과 같이 완성된다.

5~8
6단은 뒤로 반 접어서 화살표가 있는 코에 앞뒤로 바늘을 넣고 빼뜨기 1개, 그 다음 코에 짧은뜨기 1개를 떠서 연결해준다.

+ 다리 C

1~6
화살표가 있는
첫 번째 코에 실을
걸어 사슬 1개를
뜬 후 같은 자리에
짧은뜨기를 1개 뜨고
이어서 짧은뜨기
7개를 떠준다.

다리 B
완성

단수	설명	코수
1	짧은뜨기×9회, 기둥코 사슬1, 반시계 방향으로 돌리기	9
2	(다음 코부터 시작) 짧은뜨기×8회, 기둥코 사슬1, 반시계 방향으로 돌리기	8
3	(다음 코부터 시작) 짧은뜨기×7회, 기둥코 사슬1, 반시계 방향으로 돌리기	7
4	(다음 코부터 시작) 짧은뜨기×6회, 기둥코 사슬1, 반시계 방향으로 돌리기	6
5	(다음 코부터 시작) 짧은뜨기×5회	5
6	바깥쪽으로 반 접은 후 뒤꿈치 부분을 순서대로 빼뜨기 1회, 짧은뜨기 1회를 떠준 후 실 5cm 남겨두고 정리	

7~9
화살표가 있는 곳에 2코를 줄여준다.
다음 9코를 짧은뜨기로 떠준다.

10~12
한 바퀴 돌아 또 화살표가 있는 곳에 코 줄이기를 해준다.
이어서 2단부터 17단까지 도안을 보고 떠준다.

다리 완성

Tip!
봉접 실은 다리 둘레의 약 3배만 남겨두고 자른다. 솜은 1/2만 채워준다.

단수	설명	코수
1	(발등 첫 코에)기둥코 사슬 1개, (같은 자리에) 짧은뜨기 1회, 짧은뜨기×7회, (가장자리)두 코 줄이기, (뒤꿈치)짧은뜨기×9회, (가장자리)두 코 줄이기	18
2	짧은뜨기×1회, 빼뜨기로 앞 코 이랑뜨기×5회, 짧은뜨기×12회	18
3~17	짧은뜨기×18회	18

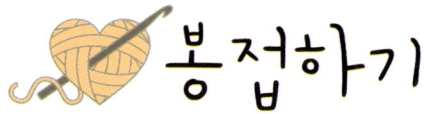
봉접하기

메인 인형의 공통되는 부분을 다 만들었다면 얼굴과 몸통, 팔, 다리, 귀, 이외의 부분들을 순서대로 봉접해줍니다.

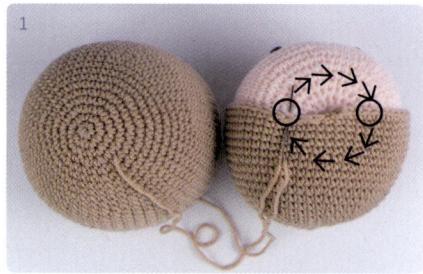

1~4
새 실을 몸통 윗부분에 연결 후 돗바늘로 화살표 방향으로 봉접을 시작해준다. 후드가 덮힌 부분은 얼굴과 후드를 함께 집어줘야 하며 (동그라미 위치 참고) 이 방법으로 3~4번째 단에 맞춰 봉접 후 이어서 바로 다음 단도 봉접해주면 얼굴이 몸통에 더 잘 고정된다. 경우에 따라 봉접 면적을 한 단 더 넓혀도 된다.

8~9
몸통 아랫부분 중심에 다리를 봉접해준다.

5~7
후드가 덮힌 위치에 맞춰 몸통에 팔을 봉접해 준다. 살짝 뒤에 붙여주면 배가 더 통통해 보일 수 있어 귀엽다. 단, 너무 뒤로 쏠리지 않게 주의한다.

봉접 완성

 # 볼터치

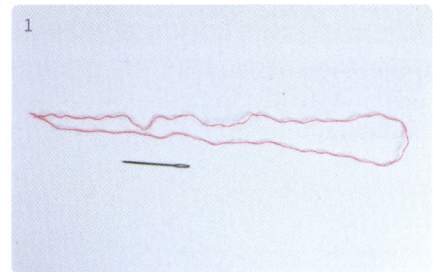

1
실 한 올을 반으로
접어준다.

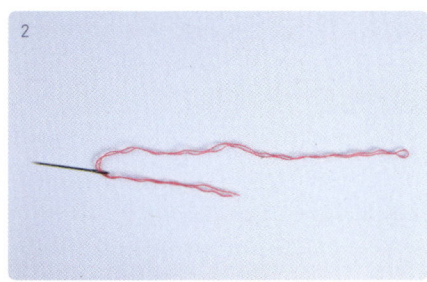

2
실의 양쪽 끝을
바늘에 통과시킨 후
고리 부분을
길게 남겨준다.

3~4
사진과 같은 위치에
바늘과 실을
대각선으로 빼준 후
바늘을 고리 사이로
통과시키면 고정된다.

5
왼쪽 볼에 빗살무늬를
3개 만들어준 후
이어서 오른쪽에도
빗살무늬 3개를
만들어준다. 남은 실은
바로 자르지 말고
머리 뒷부분으로
길게 통과시켜 빼준다.

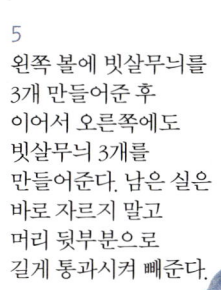

귀 만들기 (2개)

코바늘 모사용 5호, 연핑크, 하늘색

안쪽 귀

바깥쪽 귀

단수	설명	코수
1	원형 고리 안에 짧은뜨기×6회, 빼뜨기	6
2	코 늘리기×6회	12
3	(짧은뜨기×1회, 코 늘리기)×6회	18
4	짧은뜨기×1회, 코 늘리기, (짧은뜨기×2회, 코 늘리기)×5회, 짧은뜨기×1회	24
5	(짧은뜨기×3회, 코 늘리기)×6회	30

단수	설명	코수
1	원형 고리 안에 짧은뜨기×6회, 빼뜨기	6
2	코 늘리기×6회	12
3	(짧은뜨기×1회, 코 늘리기)×6회	18
4	짧은뜨기×1회, 코 늘리기, (짧은뜨기×2회, 코 늘리기)×5회, 짧은뜨기×1회	24
5	(짧은뜨기×3회, 코 늘리기)×6회	30
6	(짧은뜨기×9회, 코 늘리기)×3회	33
7~11	짧은뜨기×33회	33
12	(짧은뜨기×9회, 코 줄이기)×3회	30
13	(짧은뜨기×3회, 코 줄이기)×6회	24
14	짧은뜨기×1회, 코 줄이기, (짧은뜨기×2회, 코 줄이기)×5회, 짧은뜨기×1회	18
15	(짧은뜨기×1회, 코 줄이기)×6회	12
	돗바늘 마무리 후 실 정리	

앞에서부터 6단, 10코 간격을 띄고 봉접해 준다.

Tip! 얼굴에 봉접할 실은 20cm 정도 남겨두고 자른다.

까꿍!

찍찍이 얼굴
코바늘 모사용 4호, 회색

앞코를 손가락으로 뾰족하게 잡아주세요

Tip! 주둥이 앞쪽부터 뒤통수 방향으로 뜬다.

단수	설명	코수
1	원형 고리 안에 짧은뜨기×4회, 빼뜨기	4
2	코 늘리기×4회	8
3	짧은뜨기×8회	8
4	(짧은뜨기×1회, 코 늘리기)×4회	12
5	짧은뜨기×12회	12
6	(짧은뜨기×2회, 코 늘리기)×4회	16
7	(짧은뜨기×3회, 코 늘리기)×4회	20
8~9	짧은뜨기×20회	20
10	(짧은뜨기×4회, 코 늘리기)×4회	24
11	짧은뜨기×24회	24
12	(짧은뜨기×5회, 코 늘리기)×4회	28
13~14	짧은뜨기×28회	28
15	(짧은뜨기×5회, 코 줄이기)×4회	24
16	짧은뜨기×2회, 코 줄이기, (짧은뜨기×4회, 코 줄이기)×3회, 짧은뜨기×2회	20
17	(짧은뜨기×3회, 코 줄이기)×4회	16
18	짧은뜨기×1회, 코 줄이기, (짧은뜨기×2회, 코 줄이기)×3회, 짧은뜨기×1회	12
	솜 채우기	
	돗바늘 마무리 후 실 정리	

찍찍이 몸통

Tip! 아래에서부터 위로 뜬다.

단수	설명	코수
1	원형 고리 안에 짧은뜨기×5회, 빼뜨기	5
2	코 늘리기×5회	10
3	(짧은뜨기×1회, 코 늘리기)×5회	15
4	(짧은뜨기×4회, 코 늘리기)×3회	18
5~9	짧은뜨기×18회	18
10	(짧은뜨기×1회, 코 줄이기)×6회	12
	솜 채우기	
11	코 줄이기×6회	6
	돗바늘 마무리 후 실 정리	

Tip! 얼굴에 봉접할 실을 20cm 정도 남겨두고 자른다.

찍찍이 코
코바늘 모사용 3호, 연핑크색

1. 원형 고리 안에 짧은뜨기 6개를 뜬 후 첫 코에 빼뜨기를 해서 원을 완성한다.
2. 봉접 실을 15cm 정도 남겨두고 자른 뒤 작은 원형모양 그대로 앞코 부분에 봉접해준다.

찍찍이 귀 (2개)
코바늘 모사용 4호, 연핑크색, 회색

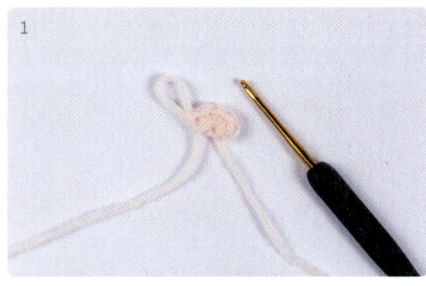

1
원형 고리 안에 짧은뜨기 5개를 뜬 후 원을 오므려준 다음 첫 코에 빼뜨기 없이 반원으로 시작해준다.

2
반시계 방향으로 돌려서 색상을 바꿔준 후 기둥코 사슬 1개를 만들고 이어서 짧은뜨기 2개, 코 늘리기 1회, 그리고 짧은뜨기 2개를 떠준다.

3
다시 반시계 방향으로 돌려서 기둥코 사슬 1개를 만들고 이어서 (짧은뜨기 1개, 코 늘리기)를 3번 반복해준다.

완성된 모습

단수	설명	코수	색상
1	짧은뜨기×5회, 반시계 방향으로 돌리기, 사슬 1개	5	연핑크
2	짧은뜨기×2회, 코 늘리기, 짧은뜨기×2회, 반시계 방향으로 돌리기, 사슬 1개	6	회색
3	(짧은뜨기×1회, 코 늘리기)×3회	9	

찍찍이 손과 발

단수	설명	코수
1	원형 고리 안에 짧은뜨기×6회, 빼뜨기	6
2	코 늘리기×6회	12
3	코 줄이기×6회	6
	돗바늘 마무리 후 실 정리	

꿀팁!
모든 미니 인형은 손 2개, 발 2개를 떠준다. 두 개는 봉접 실을 27cm 정도 남겨두고 나머지 두 개는 돗바늘 마무리 후 실을 정리한다.

찍찍이 봉접하기

미니 인형들은 손과 발 봉접하는 방법이 모두 같습니다.
얼굴은 사진을 보고 적당한 위치에 봉접해주세요.

눈

1 귀는 앞코에서부터 14번째 단, 5코 간격을 띄고 봉접해준다.

2 눈은 11번째 단, 1코 간격을 띄우고 달아준다.

5~6 실을 정리한 뒤 손을 연결해준다.

몸 전체

1 봉접 실이 걸려 있는 손과 돗바늘을 준비한다.

2~4 몸통의 옆면 중앙에서 반대편 중앙으로 나오도록 통과시킨다.

7 발도 손과 같은 방법으로 연결해준다.

53

치즈 위아래 부분

코바늘 모사용 4호, 노란색

> 단마다 끝날 때 기둥코 사슬 1개를 만드는데 기둥코는 땀으로 계산하지 않아요. 먼저 치즈의 위아래판을 만들어보세요.

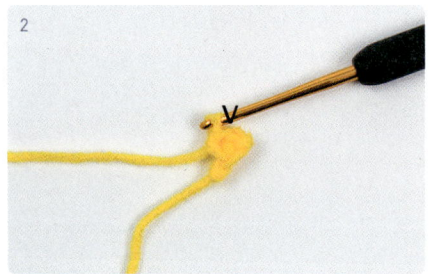

1
기둥코 사슬 1개를 포함해 사슬을 총 2개 만들어준다.

2
기둥코 사슬 1개를 건너뜨고 두 번째 사슬에 코 늘리기를 해준다.

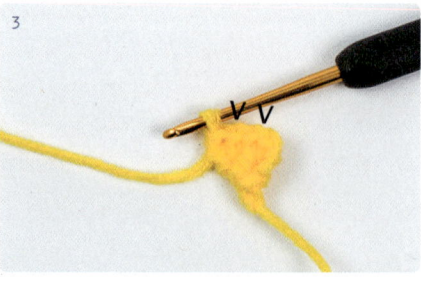

3
반시계 방향으로 돌려 기둥코 사슬 1개를 만들고 나머지 두 코에 코 늘리기를 해준다.

4
반시계 방향으로 돌려 기둥코 사슬 1개 만들고, 짧은뜨기를 한 코에 하나씩 4번 떠준다.

5
반시계 방향으로 돌려 기둥코 사슬 1개 만들고, (짧은뜨기 1개, 코 늘리기)를 2번 반복해서 떠준다.

6
반시계 방향으로 돌려 기둥코 사슬 1개를 만들고, 짧은뜨기를 한 코에 하나씩 6번 떠준다. 이어서 6~23단까지 도안을 보고 같은 방식으로 떠서 만들어준다.

완성된 모습

치즈 옆부분

코바늘 모사용 4호, 연노란색

단수	설명	코수
1	사슬 2개, (두 번째 사슬부터) 코 늘리기, 반시계 방향으로 돌리기(*이하 돌리기)	2
2	사슬 1개, 코 늘리기×2회 반복, 돌리기	4
3	사슬 1개, 짧은뜨기×4회 반복, 돌리기	4
4	사슬 1개, (짧은뜨기×1회, 코 늘리기)×2회 반복, 돌리기	6
5	사슬 1개, 짧은뜨기×6회 반복, 돌리기	6
6	사슬 1개, (짧은뜨기×2회, 코 늘리기)×2회 반복, 돌리기	8
7	사슬 1개, 짧은뜨기×8회 반복, 돌리기	8
8	사슬 1개, (짧은뜨기×3회, 코 늘리기)×2회 반복, 돌리기	10
9	사슬 1개, 짧은뜨기×10회 반복, 돌리기	10
10	사슬 1개, (짧은뜨기×4회, 코 늘리기)×2회 반복, 돌리기	12
11	사슬 1개, 짧은뜨기×12회 반복, 돌리기	12
12	사슬 1개, (짧은뜨기×5회, 코 늘리기)×2회 반복, 돌리기	14
13	사슬 1개, 짧은뜨기×14회 반복, 돌리기	14
14	사슬 1개, (짧은뜨기×6회, 코 늘리기)×2회 반복, 돌리기	16
15	사슬 1개, 짧은뜨기×16회 반복, 돌리기	16
16	사슬 1개, (짧은뜨기×7회, 코 늘리기)×2회 반복, 돌리기	18
17	사슬 1개, 짧은뜨기×18회 반복, 돌리기	18
18	사슬 1개, (짧은뜨기×8회, 코 늘리기)×2회 반복, 돌리기	20
19~20	사슬 1개, 짧은뜨기×20회 반복, 돌리기	20
21	사슬 1개, (짧은뜨기×9회, 코 늘리기)×2회 반복, 돌리기	22
22~23	사슬 1개, 짧은뜨기×22회 반복, 돌리기	22

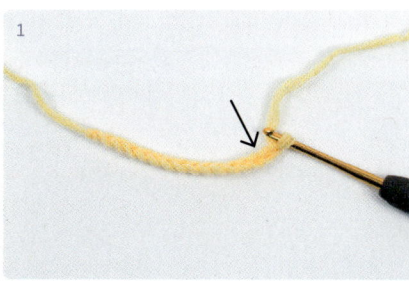

1~2
기둥코 사슬 1개를 포함해 사슬을 총 15개 만들어주고 두 번째 사슬부터 (화살표 표시) 짧은뜨기 14개를 떠준다.

완성된 모습

3
총 69단이 될 때까지 짧은뜨기 14개를 평으로 떠준다.

단수	설명	코수
1	사슬 15개, (두 번째 사슬부터)짧은뜨기×14회, 반시계 방향으로 돌리기, 기둥코 사슬 1개	14
2~69	짧은뜨기×14회, 반시계 방향으로 돌리기, 기둥코 사슬 1개	14

치즈 봉접하기

1 치즈 윗부분과 아랫부분 그리고 가운데 부분을 떠준다.

2~5 치즈 아랫부분을 사진과 같이 위치를 잡아준 후 시작하기 편한 곳부터 돗바늘을 이용해 왼쪽, 오른쪽을 한 단씩 번갈아가며 통과시켜 봉접해준다.

6 다른 두 면도 같은 방법으로 이어서 봉접해준다.

7 치즈 아랫부분 봉접이 끝나면 가운데 부분을 돗바늘로 봉접해준다.

8 솜을 채워준 후 치즈 윗부분도 위치를 맞춰서 봉접해 완성한다.

알파벳 이니셜

우리 아이나 친구들의 이니셜을 만들어보세요.

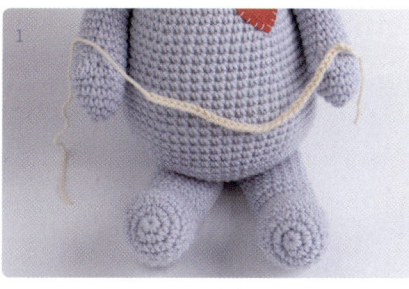

1 원하는 크기의 알파벳에 맞는 길이만큼 사슬을 만들어준다.

2 시침핀을 사용해 원하는 알파벳 모양을 만든 후 실로 꿰매준다.

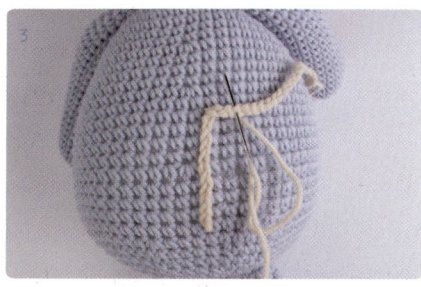

3 사슬을 몸통에 꿰맬 땐 바늘과 실을 사슬 뒤 가운데에 볼록한 고리(사슬 뒷산)를 통과해 고정해주면 깔끔하다.

완성된 모습

베이비 소띠와 황소 아빠 & 젖병

소띠

moo~~

황소 아빠

얼룩덜룩 무늬가 있는 젖소를 만들 거예요.
젖소 하면 우유병도 빼놓을 수 없겠죠?
혼자 있는 젖소의 모습이 외로워 보일 수 있으니,
묵묵히 밭을 가는 황소 아빠도 만들어봤어요.
젖소를 만들 때 포인트는 후드 위에 붙일 앙증맞은 뿔과
새하얀 몸통 위 군데군데에 붙여줄 검정색 얼룩무늬!

귀 만들기 (2개)
코바늘 모사용 5호, 아이보리색

단수	설명	코수
1	원형 고리 안에 짧은뜨기×6회, 빼뜨기	6
2	(짧은뜨기×2회, 코 늘리기)×2회	8
3	짧은뜨기×8회	8
4	(짧은뜨기×3회, 코 늘리기)×2회	10
5	(짧은뜨기×4회, 코 늘리기)×2회	12
6	(짧은뜨기×5회, 코 늘리기)×2회	14
7	(짧은뜨기×6회, 코 늘리기)×2회	16
8	(짧은뜨기×7회, 코 늘리기)×2회	18
9	(짧은뜨기×8회, 코 늘리기)×2회	20
10	짧은뜨기×20회	20

Tip! 봉접 실은 둘레의 3배 정도 남겨두고 자른다.

뿔 만들기 (2개)
코바늘 모사용 5호, 연노란색

단수	설명	코수
1	원형 고리 안에 짧은뜨기 4회 후 빼뜨기	4
2	코 늘리기×4회	8
3~5	짧은뜨기×8회	8

Tip! 봉접 실은 둘레의 3배 정도 남겨두고 자른다.

얼룩무늬 만들기
코바늘 모사용 4호, 검정색

얼룩무늬 A 3개

단수	설명	코수
1	원형 고리 안에 짧은뜨기×6회, 빼뜨기	6
2	코 늘리기×6회	12
3	괄호 안에 있는 기법을 한 코에 다 떠준다. (빼뜨기, 짧은뜨기), (긴뜨기, 한 길 긴뜨기), (한 길 긴뜨기×2회), (한 길 긴뜨기, 긴뜨기), 짧은뜨기, 빼뜨기), (짧은뜨기, 긴뜨기), (한 길 긴뜨기×2회), (한 길 긴뜨기, 긴뜨기), 짧은뜨기, 빼뜨기), (짧은뜨기, 긴뜨기), (한 길 긴뜨기×2회), (긴뜨기, 짧은뜨기) (첫 코에 빼뜨기를 해서 모양을 완성한다)	24

Tip! 봉접실은 둘레의 3배 정도 남겨두고 자른다.

얼룩무늬 B 3개

단수	설명	코수
1	원형 고리 안에 짧은뜨기×7회, 빼뜨기	7
2	코 늘리기×7회	14
3	괄호 안에 있는 기법을 한 코에 다 떠준다. (빼뜨기, 짧은뜨기), (긴뜨기, 한 길 긴뜨기), (한 길 긴뜨기, 두 길 긴뜨기), (두 길 긴뜨기×2회), (두 길 긴뜨기, 한 길 긴뜨기), (긴뜨기, 짧은뜨기), (빼뜨기, 짧은뜨기), (긴뜨기, 한 길 긴뜨기), (한 길 긴뜨기×2회), (한 길 긴뜨기×긴뜨기), (짧은뜨기, 빼뜨기), (짧은뜨기 ×1회), (긴뜨기, 한 길 긴뜨기, 긴뜨기), (짧은뜨기×1회) (첫 코에 빼뜨기를 해서 모양을 완성한다)	27

Tip! 봉접실은 둘레의 3배 정도 남겨두고 자른다.

얼굴 봉접하기

1. 뿔은 앞에서부터 6번째 단, 6코 간격을 띄고 봉접해주고 귀는 뿔 위치에서 2코 아래, 1단 뒤에 반으로 접어서 봉접해준다.

반점은 사진과 같은 위치나 원하는 위치에 자유롭게 봉접해주세요.

황소 아빠 얼굴
코바늘 모사용 4호, 갈색

단수	설명	코수
1	원형 고리 안에 짧은뜨기×6회, 빼뜨기	6
2	코 늘리기×6회	12
3	(짧은뜨기×1회, 코 늘리기)×6회	18
4	짧은뜨기×1회, 코 늘리기, (짧은뜨기×2회, 코 늘리기)×5회, 짧은뜨기×1회	24
5	(짧은뜨기×3회, 코 늘리기)×6회	30
6~8	짧은뜨기×30회	30
9	(짧은뜨기×3회, 코 줄이기)×6회	24
10	짧은뜨기×1회, 코 줄이기, (짧은뜨기×2회, 코 줄이기)×5회, 짧은뜨기×1회	18
11	(짧은뜨기×1회, 코 줄이기)×6회	12
	솜 채우기	
12	코 줄이기×6회	6
	돗바늘 마무리 후 실 정리	

황소 아빠 귀 (2개)
코바늘 모사용 4호, 갈색

단수	설명	코수
1	원형 고리 안에 짧은뜨기×4회, 빼뜨기	4
2	코 늘리기×4회	8
3~6	짧은뜨기×8회	8

Tip! 봉접 실은 둘레의 3배 정도 남겨두고 자른다.

황소 아빠 뿔
코바늘 모사용 4호, 황토색

단수	설명	코수
1	원형 고리 안에 짧은뜨기×4회, 빼뜨기	4
2	(짧은뜨기×1회, 코 늘리기)×2회	6
3~4	빼뜨기×2회, 짧은뜨기×4회	6
5	짧은뜨기×6회	6

Tip! 봉접 실은 둘레의 3배 정도 남겨두고 자른다.

황소 아빠 몸통
코바늘 모사용 4호, 갈색

단수	설명	코수
1	원형 고리 안에 짧은뜨기×5회, 빼뜨기	5
2	코 늘리기×5회	10
3	(짧은뜨기×1회, 코 늘리기)×5회	15
4	(짧은뜨기×4회, 코 늘리기)×3회	18
5~9	짧은뜨기×18회	18
10	(짧은뜨기×1회, 코 줄이기)×6회	12
	솜 채우기	
11	코 줄이기×6회	6
	돗바늘 마무리 후 실 정리	

Tip! 얼굴에 봉접할 실을 20cm 정도 남겨두고 자른다.

황소 아빠 손과 발 (4개)
코바늘 모사용 4호, 갈색

단수	설명	코수
1	원형 고리 안에 짧은뜨기×6회, 빼뜨기	6
2	코 늘리기×6회	12
3	코 줄이기×6회	6
	솜 채우기	
	돗바늘 마무리 후 실 정리	

황소 아빠 입 만들기
코바늘 모사용 4호, 황토색

단수	설명	코수
1	사슬 4개, (두 번째 사슬부터)코 늘리기, 짧은뜨기×1회, (마지막 사슬에)짧은뜨기×3회, 짧은뜨기×2회	8
2	짧은뜨기× 8회	8
3	(코 늘리기, 짧은뜨기×3회)× 2회	10

Tip! 얼굴에 봉접할 실을 20cm 정도 남겨두고 자른다.

황소 아빠 얼굴 봉접하기

1
눈은 6단과 7단 사이, 4코 간격을 띄고 달아주고 뿔은 머리 중앙에서부터 두 번째 단에 달아준다. 입은 얼굴 가운데에 맞춰 봉접해준다.

얼룩소 젖병
코바늘 모사용 4호, 하얀색, 하늘색, 연노란색

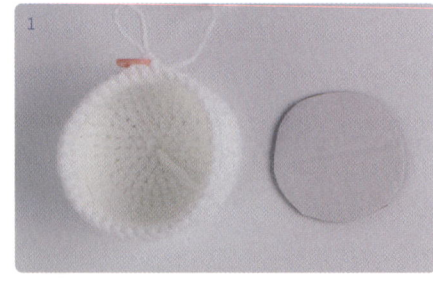

1~2
도안을 보면서 아랫부분을 14단까지 뜬 후 하드보드지를 지름 6.5cm 정도로 잘라 바닥에 깔아준다.

3
36단에서는 기둥코 없이 앞 반 코만 긴뜨기로 떠주고 37단 역시 기둥코 없이 긴뜨기로 한 단을 떠준다. 38단에서는 뒤 코만 짧은뜨기로 떠준다.

4
단마다 빼뜨기 없이 원형으로 뜨면 배색할 때 단 차이가 난다. 이 부분을 인형이나 소품 뒷면이 되도록 만들어준다.

5
사진과 같이 돗바늘과 실을 이용해 MILK를 수놓는다.

단수	설명	코수	색상
1	원형고리 안에 짧은뜨기×6회, 빼뜨기	6	하얀색
2	코 늘리기×6회	12	
3	(짧은뜨기×1회, 코 늘리기)×6회	18	
4	짧은뜨기×1회, 코 늘리기, (짧은뜨기×2회, 코 늘리기)×5회 , 짧은뜨기×1회	24	
5	(짧은뜨기×3회, 코 늘리기)×6회	30	
6	짧은뜨기×2회, 코 늘리기, (짧은뜨기×4회, 코 늘리기)×5회 , 짧은뜨기×2회	36	
7~32	짧은뜨기×36회	36	
솜 채우기			
33	(짧은뜨기×2회, 코 줄이기)×9회	27	
34	(짧은뜨기×7회, 코 줄이기)×3회	24	
35	(짧은뜨기×4회, 코 줄이기)×4회	20	
36	(앞코 이랑뜨기)긴뜨기×20회	20	하늘색
37	긴뜨기×20회	20	
38	(뒤코 이랑뜨기)짧은뜨기×20회	20	연노란색
39	짧은뜨기×20회	20	
40	(짧은뜨기×2회, 코 줄이기)×5회	15	
41	(짧은뜨기×1회, 코 줄이기)×5회	10	
42	(짧은뜨기×3회, 코 줄이기)×2회	8	
솜 채우기			
43~45	짧은뜨기×8회	8	
돗바늘 마무리 후 실 정리			

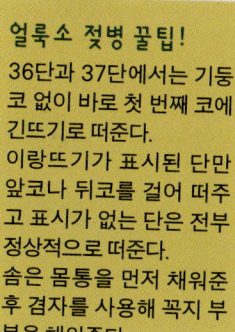

얼룩소 젖병 꿀팁!
36단과 37단에서는 기둥코 없이 바로 첫 번째 코에 긴뜨기로 떠준다.
이랑뜨기가 표시된 단만 앞코나 뒤코를 걸어 떠주고 표시가 없는 단은 전부 정상적으로 떠준다.
솜은 몸통을 먼저 채워준 후 겸자를 사용해 꼭지 부분을 채워준다.

베이비 호랑이띠와 백호 & 아기 호랑이들

호랑이띠

백호

아기 호랑이들

다른 것은 틀린 게 아니지!
내 생각과 다르다고 해서
그것이 틀렸다고 볼 수 없듯이
꼬꼬마 백호 역시 아기 호랑이들과 다르다고
생각하면 안 돼요! 우린 모두 같은 호랑이랍니다.
어흥~

귀 만들기 (2개)

코바늘 모사용 5호, 주황색, 검정색

단수	설명	코수	색상
1	원형 고리 안에 짧은뜨기×6회, 빼뜨기	6	검정색
2	코 늘리기×6회	12	검정색
3	(짧은뜨기×5회, 코 늘리기)×2회	14	주황색
4	짧은뜨기×14회	14	주황색
5	짧은뜨기×14회	14	검정색
6	짧은뜨기×14회	14	주황색

Tip! 봉접 실은 둘레의 3배 정도 남겨두고 자른다.

앞에서부터 5번째 단, 4코 간격을 띄고 봉접해준다.

호랑이 꼬리

코바늘 모사용 5호, 주황색, 검정색

단수	설명	코수	색상
1	원형 고리 안에 짧은뜨기×5회, 빼뜨기	5	주황색
2	코 늘리기×5회	10	주황색
3~5	짧은뜨기×10회	10	주황색
6	짧은뜨기×10회	10	검정색
7~8	짧은뜨기×10회	10	주황색
9	짧은뜨기×10회	10	검정색
	7~9단을 순서대로 13번 더 떠준다.		

Tip! 봉접 실은 둘레의 3배 정도 남겨두고 자른다.

memo

꼬리 봉접하기

1 완성된 호랑이 꼬리와 와이어 약 35cm를 준비해준다.

2 와이어 끝부분을 동그랗게 말아준 후 꼬리안에 넣고 주변에 솜을 살짝 채운다.

3~8 약 4번 째 단 정도에 맞춰 봉접을 해주는데 그 전에 사진과 같이 와이어를 꼬아서 몸통에 고정시킨다.

8~10 와이어가 몸통에 고정되면 꼬리를 봉접해준다.

백호 얼굴
코바늘 모사용 4호, 흰색, 검정색

단수	설명	코수
1	원형 고리 안에 짧은뜨기×6회, 빼뜨기	6
2	코 늘리기×6회	12
3	(짧은뜨기×1회, 코 늘리기)×6회	18
4	짧은뜨기×1회, 코 늘리기, (짧은뜨기×2회, 코 늘리기)×5회, 짧은뜨기×1회	24
5	(짧은뜨기×3회, 코 늘리기)×6회	30
6~8	짧은뜨기×30회	30
9	(짧은뜨기×3회, 코 줄이기)×6회	24
10	짧은뜨기×1회, 코 줄이기, (짧은뜨기×2회, 코 줄이기)×5회, 짧은뜨기×1회	18
11	(짧은뜨기×1회, 코 줄이기)×6회	12
	솜 채우기	
12	코 줄이기×6회	6
	돗바늘 마무리 후 실 정리	

백호 몸통
코바늘 모사용 4호, 흰색, 검정색

단수	설명	코수	색상
1	원형 고리 안에 짧은뜨기×5회, 빼뜨기	5	흰색
2	코 늘리기×5회	10	
3	(짧은뜨기×1회, 코 늘리기)×5회	15	검정색
4	(짧은뜨기×4회, 코 늘리기)×3회	18	흰색
5	짧은뜨기×18회	18	
6	짧은뜨기×18회	18	검정색
7~8	짧은뜨기×18회	18	흰색
9	짧은뜨기×18회	18	검정색
10	(짧은뜨기×1회, 코 줄이기)×6회	12	흰색
	솜 채우기		
11	코 줄이기×6회	6	
	돗바늘 마무리 후 실 정리		

Tip! 얼굴에 봉접할 실은 20cm 정도 남겨두고 자른다.

백호 손과 발 (4개)
코바늘 모사용 4호, 흰색

단수	설명	코수
1	원형 고리 안에 짧은뜨기×6회, 빼뜨기	6
2	코 늘리기×6회	12
3	코 줄이기×6회	6
	솜 채우기	
	돗바늘 마무리 후 실 정리	

백호 귀 (2개)
코바늘 모사용 4호, 흰색, 검정색

단수	설명	코수	색상
1	원형 고리 안에 짧은뜨기×4회, 빼뜨기	4	검정색
2	코 늘리기×4회	8	흰색
3	(짧은뜨기×3회, 코 늘리기)×2회	10	

Tip! 봉접 실은 둘레의 3배 정도 남겨두고 자른다.

백호 입
코바늘 모사용 4호, 흰색

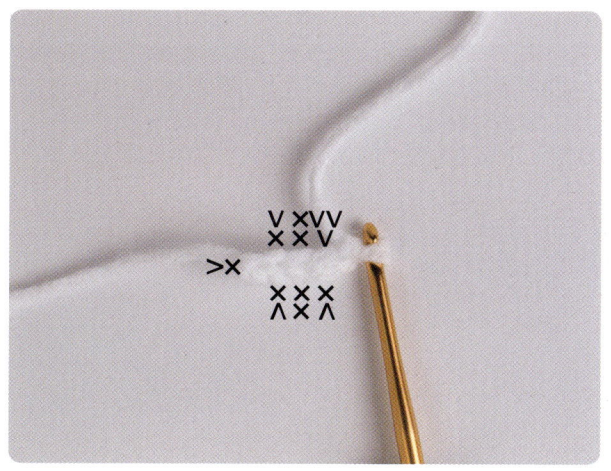

단수	설명	코수
1	사슬 4개, (두 번째 사슬부터)코 늘리기, 짧은뜨기×1회, (마지막 사슬에)짧은뜨기×3회, 짧은뜨기×2회	8
2	(빼뜨기 없이 이어서) 코 늘리기×2회, 짧은뜨기×1회, 코 늘리기×3회, 짧은뜨기×1회, 코 늘리기×1회	14

배색을 주황색, 검정색으로 하면
아기 호랑이를 만들 수 있어요.

Tip! 얼굴에 봉접할 실을 20cm 정도 남겨두고 자른다.

백호 봉접하기

얼굴 중앙에 입을 봉접한 후 양쪽 옆에 눈을 달아준다. 귀는 두 번째 단에 맞춰서 봉접해준다. 얼굴의 얼룩무늬는 십자수 실로 사진과 같이 만들어준다.

사랑스럽죠?

베이비 토끼띠와 바니 & 당근

토끼띠

바니

당근

깡총깡총 뛰어다니는 토끼,
늘 당근을 물고 다닐 것만 같죠?
베이비 토끼띠 인형과 함께
깜찍한 흰색 토끼를 만들어봤어요.
자기 몸집보다 훨씬 큰 당근을
너무나도 사랑하는 바니인데요.
커다란 당근을 너무 좋아해
항상 꼭 끌어안고 다닌답니다.

귀 만들기 (2개)

코바늘 모사용 5호, 인디핑크색

 바깥쪽 귀

1~2
기둥코 사슬 1개 건너뜨고 두 번째 사슬부터 도안을 보고 떠준다.

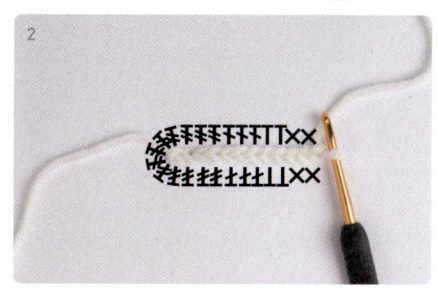

3
마지막 사슬에 두 길 긴뜨기 8개를 뜬 모습이다.

안쪽 귀가 완성된 모습

단수	설명	코수
1	원형 고리 안에 짧은뜨기×5회, 빼뜨기	5
2	코 늘리기×5회	10
3	(짧은뜨기×4회, 코 늘리기)×2회	12
4	(짧은뜨기×5회, 코 늘리기)×2회	14
5	짧은뜨기×14회	14
6	(짧은뜨기×6회, 코 늘리기)×2회	16
7~8	짧은뜨기×16회	16
9	(짧은뜨기×7회, 코 늘리기)×2회	18
10~12	짧은뜨기×18회	18
13	(짧은뜨기×7회, 코 줄이기)×2회	16
14	짧은뜨기×16회	16
15	(짧은뜨기×6회, 코 줄이기)×2회	14
16	짧은뜨기×14회	14
17	(짧은뜨기×5회, 코 줄이기)×2회	12
18	짧은뜨기×12회	12

Tip! 봉접 실은 둘레의 3배 정도 남겨두고 자른다.

단수	설명	코수
1	사슬 11개, (두 번째 사슬부터)짧은뜨기×2회, 긴뜨기×2회, 한 길 긴뜨기×3회, 두 길 긴뜨기×2회, 마지막 사슬에 두 길 긴뜨기×8회, (반대편 사슬에 이어서)두 길 긴뜨기×2회, 한 길 긴뜨기×3회, 긴뜨기×2회, 짧은뜨기×2회	26

Tip! 봉접 실은 20cm 정도 남겨두고 자른다.

토끼 귀 봉접하기

안쪽 귀를 바깥쪽 귀에 사진과 같은 위치에 대고 꿰매준 뒤 살짝 접어서 후드 앞에서부터 5단과 6단 사이, 3코 간격을 띄고 봉접해 준다.

바니 얼굴

코바늘 모사용 4호, 흰색

단수	설명	코수
1	원형 고리 안에 짧은뜨기×6회, 빼뜨기	6
2	코 늘리기×6회	12
3	(짧은뜨기×1회, 코 늘리기)×6회	18
4	짧은뜨기×1회, 코 늘리기, (짧은뜨기×2회, 코 늘리기)×5회, 짧은뜨기×1회	24
5	(짧은뜨기×3회, 코 늘리기)×6회	30
6~8	짧은뜨기×30회	30
9	(짧은뜨기×3회, 코 줄이기)×6회	24
10	짧은뜨기×1회, 코 줄이기, (짧은뜨기×2회, 코 줄이기)×5회, 짧은뜨기×1회	18
11	(짧은뜨기×1회, 코 줄이기)×6회	12
	솜 채우기	
12	코 줄이기×6회	6
	돗바늘 마무리 후 실 정리	

바니 손과 발 (4개)

단수	설명	코수
1	원형 고리 안에 짧은뜨기×6회, 빼뜨기	6
2	코 늘리기×6회 반복	12
3	코 줄이기×6회 반복	6
	돗바늘 마무리 후 실 정리	

바니 귀 (2개)

코바늘 모사용 4호, 흰색

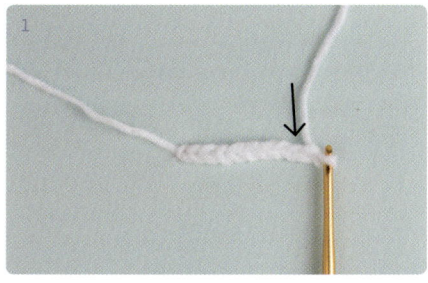

1~2
기둥코를 포함해 사슬을 총 9개 떠준다. 화살표 표시가 있는 두 번째 코부터 시작해 도안을 보며 순서대로 뜨고 마지막 사슬에 한 길 긴뜨기를 8회 떠서 늘려준다.

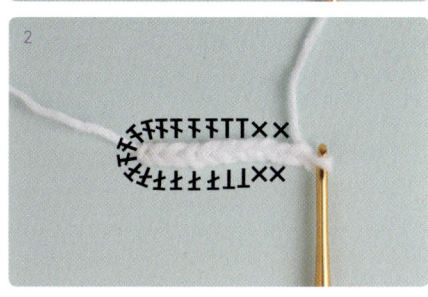

3
마지막 사슬에 한 길 긴뜨기 8회를 뜬 모습이다.

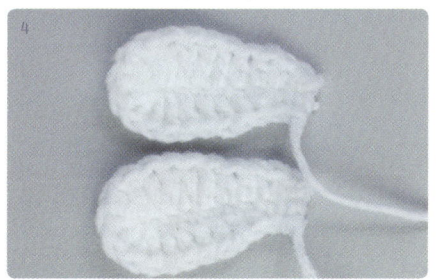

바니 귀가 완성된 모습

단수	설명	코수
1	사슬 9개, (두 번째 사슬부터) 짧은뜨기×2회, 긴뜨기×2회, 한 길 긴뜨기×3회, (마지막 사슬에)한 길 긴뜨기로 8코 늘리기, (반대편 사슬에)한 길 긴뜨기×3회, 긴뜨기×2회, 짧은뜨기×2회	22

Tip! 얼굴에 봉접할 실은 20cm 정도 남겨두고 자른다.

바니 몸통

코바늘 모사용 4호, 흰색

단수	설명	코수
1	원형 고리 안에 짧은뜨기×5회, 빼뜨기	5
2	코 늘리기×5회	10
3	(짧은뜨기×1회, 코 늘리기)×5회	15
4	(짧은뜨기×4회, 코 늘리기)×3회	18
5~9	짧은뜨기×18회	18
10	(짧은뜨기×1회, 코 줄이기)×6회	12
솜 채우기		
11	코 줄이기×6회	6
돗바늘 마무리 후 실 정리		

Tip! 얼굴에 봉접할 실은 20cm 정도 남겨두고 자른다.

바니 봉접하기

귀는 얼굴 한 단 아래 양쪽에 하나씩, 눈은 6단과 7단 사이 1코 간격을 띄고 달아준다.

완성된 모습

당근 잎

코바늘 모사용 4호, 초록색

A 6개

단수	설명	코수
1	사슬 20개, (두 번째 사슬부터)빼뜨기×19회	19

B 3개

단수	설명	코수
1	사슬 26개, (두 번째 사슬부터)빼뜨기×25회	25

C 3개

단수	설명	코수
1	사슬 31개, (두 번째 사슬부터)빼뜨기×30회	30

Tip! 당근에 봉접할 실은 20cm 정도 남겨두고 자른다.

당근 몸통

코바늘 모사용 4호, 주황색

당근 봉접하기

1 당근 몸통 윗부분 중앙에 잎을 꿰매준다.

2 당근 몸통에 검정색 실로 무늬를 만들어준다.

단수	설명	코수
1	원형 고리 안에 짧은뜨기×6회, 빼뜨기	6
2~3	짧은뜨기×6회	6
4	(짧은뜨기×1회, 코 늘리기)×3회	9
5~6	짧은뜨기×9회	9
7	(짧은뜨기×2회, 코 늘리기)×3회	12
8~9	짧은뜨기×12회	12
10	(짧은뜨기×3회, 코 늘리기)×3회	15
11~12	짧은뜨기×15회	15
13	(짧은뜨기×4회, 코 늘리기)×3회	18
14~15	짧은뜨기×18회	18
16	(짧은뜨기×5회, 코 늘리기)×3회	21
17	짧은뜨기×21회	21
18	(짧은뜨기×6회, 코 늘리기)×3회	24
19	짧은뜨기×24회	24
20	(짧은뜨기×7회, 코 늘리기)×3회	27
21~22	짧은뜨기×27회	27
23	(짧은뜨기×8회, 코 늘리기)×3회	30
24	짧은뜨기×30회	30
25	(짧은뜨기×5회, 코 늘리기)×5회	35
26~27	짧은뜨기×35회	35
28	(짧은뜨기×6회, 코 늘리기)×5회	40
29	짧은뜨기×40회	40
30	(짧은뜨기×7회, 코 늘리기)×5회	45
31	(짧은뜨기×7회, 코 줄이기)×5회	40
32	짧은뜨기×3회, 코 줄이기, (짧은뜨기×6회, 코 줄이기)×4회, 짧은뜨기×3회	35
33	(짧은뜨기×5회, 코 줄이기)×5회	30
34	짧은뜨기×2회, 코 줄이기, (짧은뜨기×4회, 코 줄이기)×4회, 짧은뜨기×2회	25
35	(짧은뜨기×3회, 코 줄이기)×5회	20
36	짧은뜨기×1회, 코 줄이기, (짧은뜨기×2회, 코 줄이기)×4회, 짧은뜨기×1회	15
37	(짧은뜨기×1회, 코 줄이기)×5회	10
38	코 줄이기×5회	5
	돗바늘 마무리 후 실 정리	

베이비 용띠와 히포 & 드래곤볼

용에게는 다른 동물들과는 다른
조금 특별한 친구가 있답니다.
바로 용이 되고 싶었던 하마 히포!
히포는 친절한 마음씨로 드래곤볼을
직접 품어주기도 해요.
용띠 인형의 포인트는 바로
작고 귀여운 뿔과 등 뒤에 달린
조그마한 날개예요.
히포도 같은 위치에
뿔과 날개가 달려 있으니,
아기 용이라고 해도 믿을 만하죠?

용띠

히포

드래곤 볼

귀 만들기 (2개)

코바늘 모사용 5호, 빨간색

단수	설명	코수
1	원형 고리 안에 짧은뜨기×6회, 빼뜨기	6
2	(짧은뜨기×2회, 코 늘리기)×2회	8
3	짧은뜨기×8회	8
4	(짧은뜨기×3회, 코 늘리기)×2회	10
5	(짧은뜨기×4회, 코 늘리기)×2회	12
6	(짧은뜨기×5회, 코 늘리기)×2회	14
7	(짧은뜨기×6회, 코 늘리기)×2회	16
8	(짧은뜨기×7회, 코 늘리기)×2회	18
9	(짧은뜨기×8회, 코 늘리기)×2회	20

Tip! 봉접 실은 둘레의 3배 정도 남겨두고 자른다.

머리 뿔 만들기 (2개)

단수	설명	코수
1	원형 고리 안에 짧은뜨기×4회, 빼뜨기	4
2	(짧은뜨기×1회, 코 늘리기)×2회	6
3	짧은뜨기×6회	6
4	(짧은뜨기×2회, 코 늘리기)×2회	8
5	짧은뜨기×8회	8

Tip! 봉접 실은 둘레의 3배 정도 남겨두고 자른다.

등 뿔 만들기 (1개씩)

코바늘 모사용 5호, 주황, 연핑크, 피스타치오, 코코아, 연노란색

단수	설명	코수
1	원형 고리 안에 짧은뜨기×5회, 빼뜨기	5
2	짧은뜨기×5회	5
3	코 늘리기×5회	10
4	짧은뜨기×10회	10

Tip! 봉접 실은 둘레의 3배 정도 남겨두고 자른다.

memo

날개 달기

사진과 같은 모양으로
폭과 길이를 각각 6cm에 맞춰서 잘라준 후 등에 꿰매준다.

용 봉접하기

머리 뿔에 약간의 솜을 넣고
앞에서부터 4번째 단, 4코 간격을 띄고 봉접해준다.

등뿔은 앞에서 두 번째 단 중앙에 한 코 간격으로 봉접해준다.

히포 얼굴

코바늘 모사용 4호, 하늘색

단수	설명	코수
1	사슬 5개, (두 번째 사슬부터) 코 늘리기, 짧은뜨기×2회, (마지막 사슬에)3코 늘리기, 짧은뜨기×3회	10
2	코 늘리기×2회, 짧은뜨기×2회, 코 늘리기×3회, 짧은뜨기×2회, 코 늘리기	16
3	(코 늘리기×3회, 짧은뜨기×5회)×2회	22
4	짧은뜨기×2회, 코 늘리기×2회, 짧은뜨기×9회, 코 늘리기×2회, 짧은뜨기×7회	26
5~7	짧은뜨기×26회	26
8	(짧은뜨기×11회, 코 줄이기)×2회	24
9	(짧은뜨기×4회, 코 줄이기)×4회	20
10	(짧은뜨기×3회, 코 줄이기)×4회	16
11	(짧은뜨기×3회, 코 늘리기)×4회	20
12	짧은뜨기×7회, 코 늘리기×6회, 짧은뜨기×7회	26
13~14	짧은뜨기×26회	26
15	(짧은뜨기×11회, 코 줄이기)×2회	24
16	(짧은뜨기×2회, 코 줄이기)×6회	18
17	(짧은뜨기×1회, 코 줄이기)×6회	12
	솜 채우기	
18	코 줄이기×6회	6
	돗바늘 마무리 후 실 정리	

히포 몸

코바늘 모사용 4호, 하늘색

단수	설명	코수
1	원형 고리 안에 짧은뜨기×5회, 빼뜨기	5
2	코 늘리기×5회	10
3	(짧은뜨기×1회, 코 늘리기)×5회	15
4	(짧은뜨기×4회, 코 늘리기)×3회	18
5~9	짧은뜨기×18회	18
10	(짧은뜨기×1회, 코 줄이기)×6회	12
	솜 채우기	
11	코 줄이기×6회	6
	돗바늘 마무리 후 실 정리	

Tip! 얼굴에 봉접할 실은 20cm 정도 남겨두고 자른다.

히포 손과 발(4개)

코바늘 모사용 4호, 하늘색

단수	설명	코수
1	원형 고리 안에 짧은뜨기×6회, 빼뜨기	6
2	코 늘리기×6회	12
3	코 줄이기×6회	6
	돗바늘 마무리 후 실 정리	

히포 귀(2개)

코바늘 모사용 4호, 하늘색

단수	설명	코수
1	(원형 고리 안에 짧은뜨기, 긴뜨기, 한 길 긴뜨기, 두 길 긴뜨기, 세 길 긴뜨기, 두 길 긴뜨기, 한 길 긴뜨기, 긴뜨기, 짧은뜨기를 차례대로 하나씩 떠준 후 첫 코에 빼뜨기 후 마무리	9

Tip! 얼굴에 봉접할 실은 20cm 정도 남겨두고 자른다.

히포 콧구멍(2개)

코바늘 모사용 4호, 하늘색

단수	설명	코수
1	원형고리 안에 짧은뜨기×5회 (빼뜨기 없이 마무리)	5

원형고리 안에 짧은뜨기 5개를 뜬 후 짧은 실을 당겨 반원이 되면 이 모양 그대로 봉접해준다.

Tip! 얼굴에 봉접할 실은 20cm 정도 남겨두고 자른다.

히포 봉접하기

드래곤볼 (7개)

코바늘 모사용 4호, 연주황색

눈은 10단과 11단 사이, 2코 정도 간격을 띄고 달아준다. 귀는 얼굴 14단과 15단 사이, 3코 간격을 띄고 봉접해준다. 콧구멍은 얼굴 5단과 6단 사이, 3코 간격을 띄고 봉접해준다.

날개랑 뿔은 노란색 펠트를 잘라서 만든 후 꿰매준다. 뿔은 작은 삼각형 4회, 날개는 가로, 세로 각각 4.2cm, 3.2cm 정도로 2개 만들어준다.

단수	설명	코수
1	원형 고리 안에 짧은뜨기×6회, 빼뜨기	6
2	코 늘리기×6회	12
3	(짧은뜨기×1회, 코 늘리기)×6회	18
4	짧은뜨기×1회, 코 늘리기, (짧은뜨기×2회, 코 늘리기)×5회, 짧은뜨기×1회	24
5	(짧은뜨기×3회, 코 늘리기)×6회	30
6	짧은뜨기×2회, 코 늘리기, (짧은뜨기×4회, 코 늘리기)×5회, 짧은뜨기×2회	36
7	(짧은뜨기×8회, 코 늘리기)×4회	40
8~11	짧은뜨기×40회	40
12	(짧은뜨기×8회, 코 줄이기)×4회	36
13	짧은뜨기×2회, 코 줄이기, (짧은뜨기×4회, 코 줄이기)×5회, 짧은뜨기×2회	30
14	(짧은뜨기×3회, 코 줄이기)×6회	24
15	짧은뜨기×1회, 코 줄이기, (짧은뜨기×2회, 코 줄이기)×5회, 짧은뜨기×1회	18
16	(짧은뜨기×1회, 코 줄이기)×6회	12
	솜 채우기	
17	코 줄이기×6회	6
	돗바늘 마무리 후 실 정리	

드래곤볼을 7개 만들어준 후 빨간색 실로 사진과 같이 별 모양을 만들어준다.

베이비 뱀띠와 컬러풀 뱀 & 미니 뱀

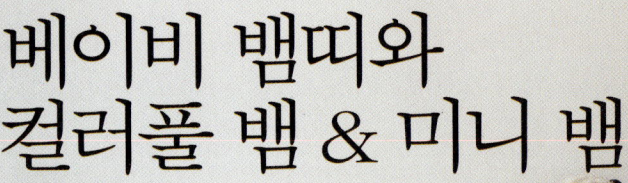

→ 미니 뱀

→ 뱀띠

← 컬러풀 뱀

뱀띠 인형은
머리에 미니 뱀을 담은
커다란 바구니를 지고 있어요.
숲 속에 숨기 쉽도록
초록색 옷을 입고 있지요.
미니 뱀도 나무 틈에서
눈에 잘 띄지 않는 색깔이에요.
컬러풀한 미니뱀은 화려한 색깔에
자꾸만 눈이 가요.
뱀띠 인형에 둘러주니 잘 어울리죠?
똬리를 틀고 혀를 날름거려도 귀엽기만 해요.

바구니

코바늘 모사용 8호, 연갈색 실 2겹

1
도안을 보며 8단까지 떠준다.

2
9단은 빼뜨기를 15개 뜨고 손잡이 부분을 위해 사슬 5개를 떠준다.

3
2코 건너뜨고 다음 3번째 코에 사슬을 빼뜨기로 연결해준다. 이어서 도안을 보며 반대편도 같은 방법으로 손잡이를 떠준다.

단수	설명	코수
1	원형 고리 안에 짧은뜨기×7회, 빼뜨기	7
2	코 늘리기×7회	14
3	(짧은뜨기×1회, 코 늘리기)×7회	21
4	짧은뜨기×1회, 코 늘리기, (짧은뜨기×2회, 코 늘리기)×6회, 짧은뜨기×1회	28
5	(짧은뜨기×6회, 코 늘리기)×4회	32
6	(뒤코 이랑뜨기) 짧은뜨기×32회	32
7	(짧은뜨기×7회, 코 늘리기)×4회	36
8	짧은뜨기×36회	36
9	빼뜨기×15회, 사슬 5회를 만들고 다음 3번째 코에 빼뜨기로 연결 후 이어서 빼뜨기×15회 다시 사슬 5회를 만들고 다음 3번 째 코에 빼뜨기로 연결해서 완성한다.	36

완성된 모습

미니 뱀 봉접하기

1. 눈은 5단과 6단 사이, 3코 간격을 띄고 달아준다.
2. 뱀 혀는 사진과 같이 펠트를 잘라 모양을 만든 후 얼굴에 꽂아준다.
3. 솜은 중간중간에 채워가며 떠주되 너무 많이 채우지 않는다.

미니 뱀

코바늘 모사용 4호, 색상표 참조

컬러풀 뱀

Tip! 얼굴에서 꼬리 방향으로 뜬다.

단수	설명	코수	색상
1	원형 고리 안에 짧은뜨기×6회, 빼뜨기	6	
2	코 늘리기×6회	12	
3	짧은뜨기×12회	12	
4	(짧은뜨기×3회, 코 늘리기)×3회	15	상아색
5~6	짧은뜨기×15회	15	
7	(짧은뜨기×3회, 코 줄이기)×3회	12	
8	짧은뜨기×12회	12	
9	(짧은뜨기×4회, 코 줄이기)×2회	10	황토색
10~12	짧은뜨기×10회	10	
13~16	짧은뜨기×10회	10	밤색
17~20	짧은뜨기×10회	10	황토색
13단 부터 20단까지 6번 더 떠준다.			
	(짧은뜨기×3회, 코 줄이기)×2회	8	
	짧은뜨기×8회	8	
	(짧은뜨기×2회, 코 줄이기)×2회	6	밤색
	짧은뜨기×6회	6	
돗바늘 마무리 후 실 정리			

단수	설명	코수	색상
1	원형 고리 안에 짧은뜨기×6회, 빼뜨기	6	
2	코 늘리기×6회	12	
3	(짧은뜨기×1회, 코 늘리기)×6회	18	
4	짧은뜨기×18회	18	
5	(짧은뜨기×5회, 코 늘리기)×3회	21	상아색
6~8	짧은뜨기×21회	21	
9	(짧은뜨기×5회, 코 줄이기)×3회	18	
10	짧은뜨기×2회, 코 줄이기, (짧은뜨기×4회, 코 줄이기)×2회, 짧은뜨기×2회	15	
11~12	짧은뜨기×15회	15	연주황색
13		15	보라색
14		15	연카키색
15~16		15	올리브색
17		15	연노란색

컬러풀 뱀 봉접하기

단수		코수	색상
18		15	빨간색
19~20		15	인디핑크색
21		15	상아색
22		15	밤색
23~24		15	연주황색
25		15	초록색
26		15	카키색
27~28		15	상아색
29		15	빨간색
30		15	보라색
31~32		15	연노란색
33	짧은뜨기×15회	15	인디핑크색
34		15	올리브색
35~36		15	카키색
37		15	연주황색
38		15	밤색
39~40		15	빨간색
41		15	상아색
42		15	연카키색
43~44		15	보라색
45		15	연노란색
46		15	초록색
47~48		15	올리브색
49		15	인디핑크색
50		15	카키색
51~52		15	밤색
53		15	초록색
54		15	상아색
11단 부터 54단까지 3번 더 떠준다.			
(짧은뜨기×3회, 코 줄이기)×3회		12	연주황색
짧은뜨기×12회		12	
(짧은뜨기×2회, 코 줄이기)×3회		9	보라색
짧은뜨기×9회			카키색
돗바늘 마무리 후 실 정리			

1. 눈은 5단과 6단 사이, 3코 간격을 띄고 달아준다.
2. 뱀 혀는 펠트를 잘라 모양을 만든 후 얼굴에 꽂아준다.
3. 좀 더 큰 뱀을 뜨고 싶으면 사용하는 실에 맞춰 바늘 호수를 늘려준다.
4. 솜은 중간중간에 채워가며 떠주되 너무 많이 채우지 않는다.

베이비 말띠와
잭슨 & 행운의 말굽

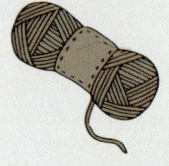

↳ 말띠

우리에게
행운이
오고 있어

↰ 행운의 말굽

↳ 잭슨

말띠 인형의 뒷모습은
앞모습보다 아름답다!
머리끝부터 등까지 길게 늘어뜨린
말갈기가 너무도 매력적인
인형들이에요.
가위로 갈기를 잘라주면
한껏 더 멋스러운 말 인형을
만들 수 있어요.
미니 말 잭슨에게도
갈기는 빼놓지 말고 달아주세요.

귀 만들기 (2개)
코바늘 모사용 5호, 갈색

단수	설명	코수
1	원형 고리 안에 짧은뜨기×5회, 빼뜨기	5
2	코 늘리기×5회	10
3	(짧은뜨기×1회, 코 늘리기)×5회	15
4	짧은뜨기×1회, 코 늘리기, (짧은뜨기×2회, 코 늘리기)×4회, 짧은뜨기×1회	20
5	(짧은뜨기×9회, 코 늘리기)×2회	22
6~11	짧은뜨기×22회	22
12	(짧은뜨기×9회, 코 줄이기)×2회	20
13	짧은뜨기×20회	20

Tip! 봉제 실은 둘레의 3배 정도 남겨두고 자른다.

말 갈기
코바늘 모사용 4호, 황토색

1~3 갈기는 풍성하게 달아주는 게 예쁘다. 원하는 양을 13cm 정도 길이로 잘라준다.

4~5 실을 반으로 접어준다.

6~10 갈기를 심기 원하는 위치에 바늘을 넣고 고리를 끌고나와 그 사이로 남은 두 줄을 통과시켜 고정해준다.

11 위치는 머리 중앙, 앞부분부터 뒤통수까지 4~5코 넓이를 스킬을 하듯 채워준다.

12 다 심어준 후에는 가위로 잘라가며 길이를 조절해 더 멋지게 스타일링할 수 있다.

잭슨 얼굴
코바늘 모사용 4호, 밤색, 연갈색

단수	설명	코수	색상
1	사슬 5개, (두 번째 사슬부터) 코 늘리기, 짧은뜨기×2회, (마지막 사슬에) 3코 늘리기, 짧은뜨기×3회	10	밤색
2	코 늘리기×2회, 짧은뜨기×2회, 코 늘리기×3회, 짧은뜨기×2회, 코 늘리기	16	
3	(코 늘리기×3회, 짧은뜨기×5회)×2회	22	
4	짧은뜨기×2회, 코 늘리기×2회, 짧은뜨기×9회, 코 늘리기×2회, 짧은뜨기×7회	26	
5~7	짧은뜨기×26회	26	
8	(짧은뜨기×11회, 코 줄이기)×2회	24	연갈색
9	(짧은뜨기×4회, 코 줄이기)×4회	20	
10~11	짧은뜨기×20회	20	
12	(짧은뜨기×2회, 코 줄이기)×5회	15	
13	(짧은뜨기×1회, 코 줄이기)×5회	10	
솜 채우기			
돗바늘 마무리 후 실 정리			

잭슨 몸통
코바늘 모사용 4호, 연갈색

단수	설명	코수
1	원형 고리 안에 짧은뜨기×5회, 빼뜨기	5
2	코 늘리기×5회	10
3	(짧은뜨기×1회, 코 늘리기)×5회	15
4	(짧은뜨기×4회, 코 늘리기)×3회	18
5~9	짧은뜨기×18회	18
10	(짧은뜨기×1회, 코 줄이기)×6회	12
솜 채우기		
11	코 줄이기×6회	6
돗바늘 마무리 후 실 정리		

Tip! 얼굴에 봉접할 실은 20cm 정도 남겨두고 자른다.

잭슨 손과 발 (4개)

단수	설명	코수
1	원형 고리 안에 짧은뜨기×6회, 빼뜨기	6
2	코 늘리기×6회	12
3	코 줄이기×6회	6
솜 채우기		
돗바늘 마무리 후 실 정리		

잭슨 귀 (2개)

단수	설명	코수
1	사슬 7개, (두 번째 사슬부터) 짧은뜨기×2회, 긴뜨기×2회, 한 길 긴뜨기1회, (마지막 사슬에)한 길 긴뜨기×5회, 한 길 긴뜨기×1회, 긴뜨기×2회, 짧은뜨기×2회	15

Tip! 얼굴에 봉접할 실은 20cm 정도 남겨두고 자른다.

잭슨 봉접하기

눈은 8단과 9단 사이에 붙여서 달아주고 콧구멍은 밤색이 시작되는 단에 한 코를 떼고 양쪽에 사선으로 만들어준다. 귀는 갈기를 머리통 중앙에 달아준 뒤 양옆에 꿰매준다.

행운의 말굽
코바늘 모사용 4호, 회색

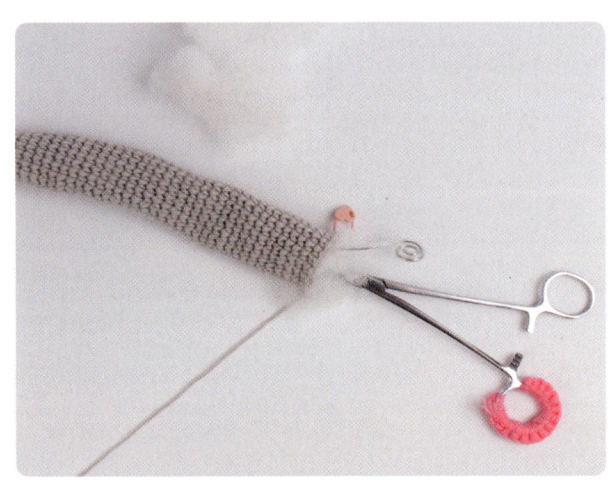

와이어 양쪽끝이 빠져나오지 않도록 동글게 말아주고 도안을 보며 말굽을 어느 정도 뜬 후에 와이어를 먼저 넣어주고 겸자를 이용해 솜을 채워가며 완성한다.

잭슨 갈기 달아주기

> 메인 인형 갈기 만드는 법을 참고하세요.

한 가닥에 약 10cm 정도로 자른 후 스킬을 하듯 원하는 만큼 심어준다.

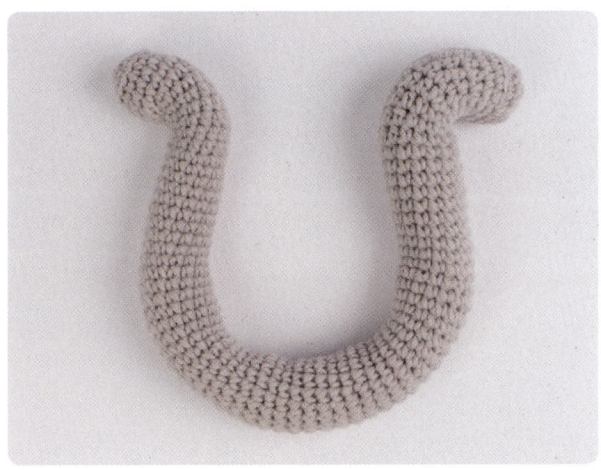

솜은 빵빵하게 채우면 모양내기가 힘들기 때문에 부피만큼만 채워준다. 양쪽 끝에 사진과 같이 실을 연결하여 문고리 등에 걸어준다.

단수	설명	코수
1	원형 고리 안에 짧은뜨기×6회, 빼뜨기	6
2	코 늘리기를 6회	12
3	(짧은뜨기×2회, 코 늘리기)×4회	16
4	(뒤코 이랑뜨기) 짧은뜨기×16회	16
5~6	짧은뜨기×16회	16
7~13	빼뜨기×4회, 짧은뜨기×3회, 긴뜨기×6회, 짧은뜨기×3회	16
14~65	짧은뜨기×16회	16
66~72	짧은뜨기×1회, 긴뜨기×6회, 짧은뜨기×3회, 빼뜨기×4회, 짧은뜨기×2회	16
73~74	짧은뜨기×16회	16
75	(뒤코 이랑뜨기) 짧은뜨기×16회	16
76	(짧은뜨기×2회, 코 줄이기)×4회	12
77	코 줄이기×6회	6
	돗바늘 마무리 후 실 정리	

Tip! 솜은 중간중간에 채워가면서 떠준다.

양쪽 끝에 사진과 같이 실을 연결하여 문고리 등에 걸어주면 행운이 들어온대요~

베이비 양띠와
손뜨개 양 할머니 & 하트 목도리

양띠

양할머니

하트 목도리

뽀글뽀글 양털 모양 그대로
살아 있는 양띠 인형.
다른 인형들과 달리 후드와 몸에 양털을 풍성히 달고 있답니다.
양 할머니가 떠주는 목도리는
세상에서 제일 포근하고 따뜻해요.
겨울이 오면, 양 할머니처럼 사랑과 정성을 가득 담은
목도리를 선물하는 건 어떨까요?

양 후드 만들기
코바늘 모사용 5호, 검정색

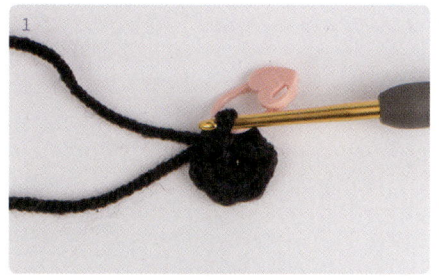

1 원형 고리 안에 짧은뜨기를 6회 떠준 후 첫 코에 빼드기를 해서 원을 완성한다.

2 루프 스티치 기법을 이용해 한 코에 두 개씩 떠서 총 12코가 될 때까지 늘려준다.

3 홀수단은 짧은뜨기로, 짝수단은 루프 스티치로 번갈아가면서 도안을 보며 떠준다.

4~5 마지막 18~21단이 후드 아랫부분이 되도록 머리에 씌워준다.

단수	설명	코수
1	원형 고리 안에 짧은뜨기×6회, 빼드기	6
2	루프 스티치로 코 늘리기×6회	12
3	(짧은뜨기×1회, 코 늘리기)×6회	18
4	(루프 스티지×2회, 루프 스티치로 코 늘리기)×6회(*이후 루프 코 늘리기)	24
5	(짧은뜨기×3회, 코 늘리기)×6회	30
6	(루프 스티지×4회, 루프 코 늘리기)×6회	36
7	(짧은뜨기×5회, 코 늘리기)×6회	42
8	(루프 스티지×6회, 루프 코 늘리기)×6회	48
9	(짧은뜨기×7회, 코 늘리기)×6회	54
10	(루프 스티지×8회, 루프 코 늘리기)×6회	60
11	(짧은뜨기×9회, 코 늘리기)×6회	66
12	루프 스티치×66회	66
13	짧은뜨기×66회	66
14	루프 스티치×66회(*이후 루프)	66
15	(짧은뜨기×9회, 코 줄이기)×6회	60
16	루프×22회, 짧은뜨기로 코 줄이기, 루프×12회, 짧은뜨기로 코 줄이기, 루프×22회	58
17	짧은뜨기×22회, 코 줄이기, 짧은뜨기×10회, 코 줄이기, 짧은뜨기×22회	56
18	짧은뜨기×5회, 루프×17회, 짧은뜨기로 코 줄이기, 루프×8회, 짧은뜨기로 코 줄이기, 루프×17회, 짧은뜨기×5회	54
19	짧은뜨기×22회, 짧은뜨기로 코 줄이기, 짧은뜨기×6회, 짧은뜨기로 코 줄이기, 짧은뜨기×22회	52
20	짧은뜨기×5회, 루프×17회, 짧은뜨기로 코 줄이기, 루프×4회, 짧은뜨기로 코 줄이기, 루프×17회, 짧은뜨기×5회	50
21	짧은뜨기×48회	48

흰색 빗금은 짧은뜨기로 뜬 부분

모든 홀수단은 짧은뜨기로 뜨고, 모든 짝수단은 루프 스티치로 떠주세요

Tip! 실은 10cm 정도 남겨두고 정리한다.

몸통 만들기
코바늘 모사용 4호, 검정색

1 도안을 보고 34단까지 뜬 후 솜을 채워준다.

2 몸통을 완성한 후 짧은뜨기한 부분이 몸통 윗부분이 되도록 해준다.

단수	설명	코수
1	원형 고리 안에 짧은뜨기×6회, 빼뜨기	6
2	코 늘리기×6회	12
3	(짧은뜨기×1회, 코 늘리기)×6회	18
4	짧은뜨기×1회, 코 늘리기, (짧은뜨기×2회, 코 늘리기)×5회, 짧은뜨기×1회	24
5	(짧은뜨기×3회, 코 늘리기)×6회	30
6	짧은뜨기×2회, 코 늘리기, (짧은뜨기×4회, 코 늘리기)×5회, 짧은뜨기×2회	36
7	(짧은뜨기×5, 코 늘리기)×6회	42
8	루프 스티치×42회	42
9	(짧은뜨기×6회, 코 늘리기)×6회	48
10	루프 스티치×48회	48
11	짧은뜨기×48회	48
12	루프 스티치×48회	48
13	(짧은뜨기×7회, 코 늘리기)×6회	54
14	루프 스티치×54회	54
15	짧은뜨기×54회	54
16	루프 스티치×54회	54
17	(짧은뜨기×17회, 코 늘리기)×3회	57
18	(루프 스티치×18회, 루프 스티치로 코 늘리기)×3회	60
19	짧은뜨기×60회	60
20	루프 스티치×60회	60
21	짧은뜨기×60회	60
22	루프 스티치×60회	60
23	(루프 스티치×19회, 루프 스티치로 코 늘리기)×3회	63
24	루프 스티치×63회	63
25	짧은뜨기×63회	63
26	루프 스티치×63회	63
27	짧은뜨기×63회	63
28	(루프 스티치×8회, 루프 스티치로 코 늘리기)×7회	70
29	(짧은뜨기×8회, 코 줄이기)×7회	63
30	(루프 스티치×7회, 짧은뜨기로 코 줄이기)×7회	56
31	(짧은뜨기×6회, 코 줄이기)×7회	49
32	(루프 스티치×5회, 짧은뜨기로 코 줄이기)×7회	42
33	(짧은뜨기×4회, 코 줄이기)×7회	35
34	(루프 스티치×3회, 짧은뜨기로 코 줄이기)×7회	28
35	(짧은뜨기×2회, 코 줄이기)×7회	21
36	(루프 스티치×1회, 짧은뜨기로 코 줄이기)×7회	14
37	코 줄이기×7회	7
	돗바늘 마무리 후 실 정리	

Tip! 봉접 실은 봉접할 때 짧은뜨기 가장자리에 새로 연결해서 봉접해준다.

귀 만들기 (2개)

코바늘 모사용 4호, 검정색

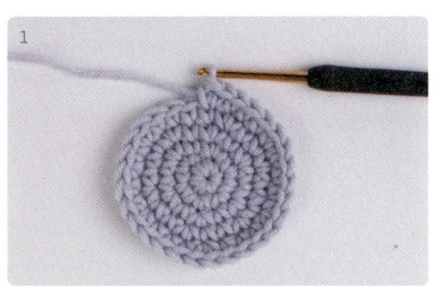

1
1~5단까지 도안을 보면서 떠준다.

단수	설명	코수
1	원형 고리 안에 짧은뜨기×6회, 빼뜨기	6
2	코 늘리기×6회	12
3	(짧은뜨기×1회, 코 늘리기)×6회	18
4	짧은뜨기×1회, 코 늘리기, (짧은뜨기×2회, 코 늘리기)×5회 , 짧은뜨기×1회	24
5	(짧은뜨기×3회, 코 늘리기)×6회	30
6	짧은뜨기×10회, 긴뜨기×2회, 한 길 긴뜨기×2회, 두 길 긴뜨기×2회, 한 길 긴뜨기×2회, 긴뜨기×2회, 짧은뜨기×10회	30

Tip!
얼굴에 봉접할 실은 20cm 정도 남겨두고 자른다.

2
6단은 다음과 같이 한 코에 하나씩 순서대로 떠준다.
짧은뜨기 10개 떠주고 이어서 긴뜨기, 긴뜨기, 한 길 긴뜨기, 한 길 긴뜨기, 두 길 긴뜨기, 두 길 긴뜨기, 한 길 긴뜨기, 한 길 긴뜨기, 긴뜨기, 긴뜨기, 그리고 나머지 10개는 짧은뜨기로 떠준다.

4
봉접할 때 반으로 접어서 봉접해준다.

완성된 모습! 잘 보이게하기 위해 하늘색으로 떴어요.

양 봉접하기

1 사진과 같이 동그라미가 그려진 위치(짧은뜨기 부분)에 몸통과 얼굴을 봉접해준다(자세한 방법은 38쪽 메인인형 후드 봉접하기 참고).

2 팔과 다리는 메인 인형 봉접 방법을 참고해 봉접해준다.

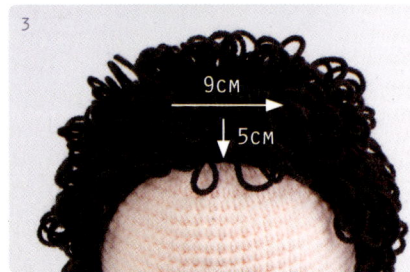

3 귀는 후드 앞에서 5cm 정도, 귀와 귀 사이 9cm 정도 간격을 두고 꿰매준다.

완성된 모습

양 할머니 얼굴
코바늘 모사용 4호, 상아색

단수	설명	코수
1	원형 고리 안에 짧은뜨기×5회, 빼뜨기	5
2	코 늘리기×5회	10
3	(짧은뜨기×1회, 코 늘리기)×5회	15
4	짧은뜨기×1회, 코 늘리기, (짧은뜨기×2회, 코 늘리기)×4회, 짧은뜨기×1회	20
5	(짧은뜨기×3회, 코 늘리기)×5회	25
6~10	짧은뜨기×25회	25
11	(짧은뜨기×3회, 코 줄이기)×5회	20
12	짧은뜨기×20회	20
13	(짧은뜨기×2회, 코 줄이기)×5회	15
14	짧은뜨기×15회	15
15	(짧은뜨기×1회, 코 줄이기)×5회	10
솜 채우기		
16	코 줄이기×5회	5
돗바늘 마무리 후 실 정리		

양 할머니 몸통

코바늘 모사용 4호, 회색

단수	설명	코수
1	원형 고리 안에 짧은뜨기×5회, 빼뜨기	5
2	루프 스티치로 코 늘리기×5회	10
3	(루프 스티지×1회, 루프 스티치로 코 늘리기)×5회	15
4	(루프 스티지×4회, 루프 스티치로 코 늘리기)×3회	18
5~9	루프 스티지×18회	18
10	(루프 스티지×1회, 짧은뜨기로 코 줄이기)×6회	12
	솜 채우기	
11	짧은뜨기로 코 줄이기×6회	6
	돗바늘 마무리 후 실 정리	

Tip! 얼굴에 봉접할 실은 20cm 정도 남겨두고 자른다.

양 할머니 손과 발

단수	설명	코수
1	원형 고리 안에 짧은뜨기×6회, 빼뜨기	6
2	코 늘리기×6회	12
3	코 줄이기×6회	6
	솜 채우기	
	돗바늘 마무리 후 실 정리	

뽀글뽀글 머리

단수	설명	코수
1	원형 고리 안에 짧은뜨기×6회, 빼뜨기	6
2	루프 스티치로 코 늘리기×6회	12
3	(루프 스티지×1회, 루프 스티치로 코 늘리기)×6회	18
4	루프 스티지×18회	18

Tip! 봉접 실은 둘레의 3배 정도 남겨두고 자른다.

양 할머니 귀 (2개)

단수	설명	코수
1	사슬 6개, (두 번째 사슬부터) 짧은뜨기, 긴뜨기×2회, 한 길 긴뜨기, (마지막 사슬에) 한 길 긴뜨기로 6코 늘리기, 한 길 긴뜨기, 긴뜨기×2회, 짧은뜨기 (첫 코에 빼뜨기 후 마무리)	14

Tip! 얼굴에 봉접할 실은 20cm 정도 남겨두고 자른다.

양 할머니 봉접하기

28p 루프 스티치를 참고해 봉접해준다.

양 할머니의 하트 목도리

대바늘 3.5mm, 뜨개용 나무 시침핀 2개, 아이보리, 빨간색

꿀팁!
- 메리야스 뜨기로 약 5cm가 될 때까지 떠 주되 안뜨기로 끝나야 한다.
- 겉뜨기로 시작해 빨간색으로 배색을 하며 하트를 만들어준 후 메리야스 뜨기로 약 4cm 정도 더 떠준다.

단수	설명	코수
1	시작코 11개 (겉뜨기로 계산)	11
2	안뜨기	
3	겉뜨기	
4	안뜨기	
..	3단부터 4단을 약 5cm가 될 때까지 겉뜨기와 안뜨기를 한 단씩 번갈아 가면서 떠준다(메리야스뜨기). 이 후 하트 모양이 나오도록 다음과 같이 겉뜨기 단에서 부터 시작해서 떠준다.	..
	(겉) 아이보리 5코, 빨강 1코, 아이보리 5코	11
	(안) 아이보리 4코, 빨강 3코, 아이보리 4코	
	(겉) 아이보리 3코, 빨강 5코, 아이보리 3코	
	(안) 아이보리 2코, 빨강 7코, 아이보리 2코	
	(겉) 아이보리 2코, 빨강 7코, 아이보리 2코	
	(안) 아이보리 2코, 빨강 7코, 아이보리 2코	
	(겉) 아이보리 2코, 빨강 3코, 아이보리 1코, 빨강 3코, 아이보리 2코	
	(안) 아이보리 3코, 빨강 1코, 아이보리 3코, 빨강 1코, 아이보리 3코	
약 4cm가 될 때까지 아이보리로 메리야스뜨기로 떠준 후 나무시침핀에 5코씩 걸어서 마무리		

양 할머니의 하트 도안

하트 도안

메리야스 뜨기 : 겉뜨기 한 단, 안뜨기 한 단을 원하는 길이만큼 번갈아 가면서 떠준다.

베이비 원숭이띠와
리틀 몽키 & 바나나

원숭이띠

바나나

리틀 몽키

리틀 몽키는 자기 몸집보다
훨씬 큰 바나나를 들고도
참 행복한 표정이죠?
바니가 당근과 늘 붙어 있듯
리틀 몽키도 바나나를 무척 좋아한답니다.
리틀 몽키와 바니에게서
작은 것에도 행복해하는 모습을 배웁니다.
늘 웃고 있는 것 같은 리틀 몽키,
그래서 더욱 정이 가는 아이에요!

귀 만들기 (2개)
코바늘 모사용 5호, 황토색

단수	설명	코수
1	원형 고리 안에 짧은뜨기×6회, 빼뜨기	6
2	코 늘리기×6회	12
3	(짧은뜨기×1회, 코 늘리기)×6회	18
4	짧은뜨기×1회, 코 늘리기, (짧은뜨기×2회, 코 늘리기)×5회, 짧은뜨기×1회	24
5~8	짧은뜨기×24회	24
9	짧은뜨기×2회, 코 줄이기, (짧은뜨기×4회, 코 줄이기)×3회, 짧은뜨기×2회	20
10	(짧은뜨기×3회, 코 줄이기)×4회	16

원숭이 귀는 4~5단 뒤, 얼굴 양쪽 옆에 달아준다.

Tip! 봉접 실은 둘레의 3배 정도 남겨두고 자른다.

원숭이 귀는 살짝 옆으로 달아주는 센스!

빼꼼~

리틀 몽키 얼굴
코바늘 모사용 4호, 갈색

단수	설명	코수
1	원형 고리 안에 짧은뜨기×6회, 빼뜨기	6
2	코 늘리기×6회	12
3	(짧은뜨기×1회, 코 늘리기)×6회	18
4	짧은뜨기×1회, 코 늘리기, (짧은뜨기×2회, 코 늘리기)×5회, 짧은뜨기×1회	24
5	(짧은뜨기×3회, 코 늘리기)×6회	30
6~8	짧은뜨기×30회	30
9	(짧은뜨기×3회, 코 줄이기)×6회	24
10	짧은뜨기×1회, 코 줄이기, (짧은뜨기×2회, 코 줄이기)×5회, 짧은뜨기×1회	18
11	(짧은뜨기×1회, 코 줄이기)×6회	12
	솜 채우기	
12	코 줄이기×6회	6
	돗바늘 마무리 후 실 정리	

리틀 몽키 귀 (2개)

단수	설명	코수
1	원형 고리 안에 사슬 2개, 한 길 긴뜨기×7회	8

Tip! 봉접 실은 20cm 정도 남겨두고 자른다.

리틀 몽키 몸통

단수	설명	코수
1	원형 고리 안에 짧은뜨기×5회, 빼뜨기	5
2	코 늘리기×5회	10
3	(짧은뜨기×1회, 코 늘리기)×5회	15
4	(짧은뜨기×4회, 코 늘리기)×3회	18
5~9	짧은뜨기×18회	18
10	(짧은뜨기×1회, 코 줄이기)×6회	12
	솜 채우기	
11	코 줄이기×6회	6
	돗바늘 마무리 후 실 정리	

Tip! 봉접 실은 20cm 정도 남겨두고 자른다.

리틀 몽키 손과 발

단수	설명	코수
1	원형 고리 안에 짧은뜨기×6회, 빼뜨기	6
2	코 늘리기×6회	12
3	코 줄이기×6회	6
	돗바늘 마무리 후 실 정리	

리틀 몽키 입
코바늘 모사용 4호, 밤색

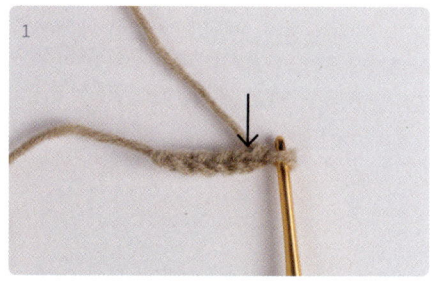

1 기둥코를 포함해서 사슬을 총 5개 만들어 준다.

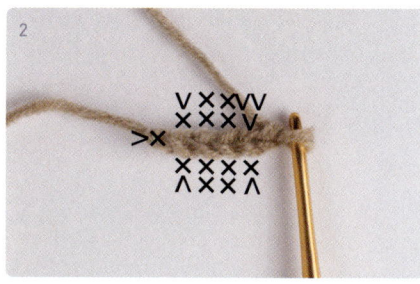

2 기둥코 사슬 1개를 건너뜨고 화살표가 있는 그 다음 코부터 코 늘리기 1회를 뜨고, 짧은뜨기를 2개 떠준 후 마지막 사슬에 짧은뜨기 3개를 다 떠준다.

3 이어서 반대편 사슬에 한 코에 한 개씩 짧은뜨기를 3개 떠준다.

4 첫 코에 빼뜨기 없이 바로 2단을 도안대로 떠준다. 코 늘리기를 2회 뜨고, 짧은뜨기를 2개 떠준 후 코너에서 코 늘리기를 3회 떠준 다음 반대편 사슬에 이어서 짧은뜨기를 2개 떠주고 마지막 코에 코 늘리기를 1회 떠준다.

단수	설명	코수
1	사슬 5개, (두 번째 사슬부터) 코 늘리기, 짧은뜨기×2회, (마지막 사슬에)3코 늘리기, 짧은뜨기×3회	10
2	코 늘리기×2회, 짧은뜨기×2회, 코 늘리기×3회, 짧은뜨기×2회, 코 늘리기×1회	16

리틀 몽키 봉접하기

입은 얼굴 중앙에 봉접해주고 눈은 입 바로 위에 5코 간격을 띄고 달아준다. 귀는 얼굴 양옆에 봉접해준다.
실 한 가닥으로 웃는 모양의 입을 만들어 목공용 풀로 리틀 몽키 입 위에 붙여주면 더 귀여운 리틀 몽키 완성!

Tip! 봉접 실은 20cm 정도 남겨두고 자른다.

바나나 속

코바늘 모사용 4호, 아이보리

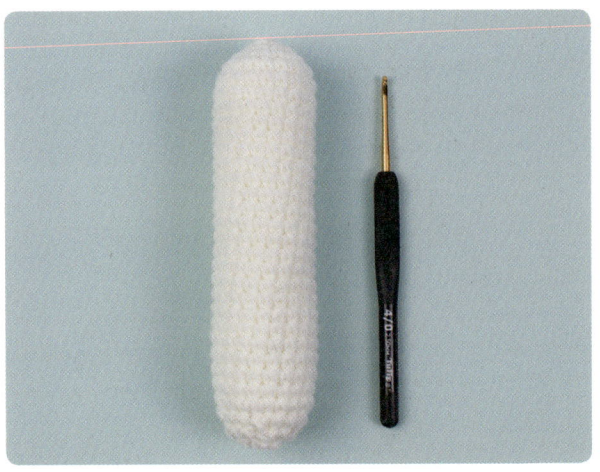

단수	설명	코수
1	원형 고리 안에 짧은뜨기×5회, 빼뜨기	5
2	코 늘리기×5회	10
3	(짧은뜨기×1회, 코 늘리기)×5회	15
4	짧은뜨기×1회, 코 늘리기, (짧은뜨기×2회, 코 늘리기)×4회 , 짧은뜨기×1회	20
5~28	짧은뜨기×20회	20
29	짧은뜨기×1회, 코 줄이기, (짧은뜨기×2회, 코 줄이기)×4회 , 짧은뜨기×1회	15
30	(짧은뜨기×1회, 코 줄이기)×5회	10
	솜 채우기	
31	코 줄이기 ×2회	8
	돗바늘 마무리 후 실 정리	

바나나 껍질

코바늘 모사용 4호, 아이보리, 노란색

꿀팁!
- 8코씩 3등분해서 바나나 껍질을 만들어주세요.
- 껍질을 3개 다 뜬 후에는 실을 끊지 않고 이어서 모든 껍질 테두리를 따라서 짧은뜨기로 한 바퀴 돌려주면 모양이 더 예뻐져요.

단수	설명	코수
1	원형 고리 안에 짧은뜨기×6회, 빼뜨기	6
2	코 늘리기×6회	12
3	(짧은뜨기×1회, 코 늘리기)×6회	18
4	짧은뜨기×1회, 코 늘리기, (짧은뜨기×2회, 코 늘리기)×5회 , 짧은뜨기×1회	24
5~19	짧은뜨기×24회	24

1~2 partA가 끝난 지점에서부터 바로 짧은뜨기 8개를 떠준다.

3
반시계 방향으로 돌려 기둥코 없이 실이 걸린 다음 코부터 뜰 때는 사진과 같은 위치에서 시작해 짧은뜨기 7개를 떠준다.

4
반시계 방향으로 돌려 기둥코 사슬을 1개 뜨고 첫 번째 코부터 뜰 때는 사진과 같이 실이 걸린 바로 아래코에서 시작해 짧은뜨기 7개를 떠준다. 반시계 방향으로 돌려 나머지 단도 같은 방식으로 한 코가 남을 때까지 떠준다.

5
바나나 껍질 한쪽이 완성된 모습이다.

6
실을 새로운 코에 걸어 기둥코 사슬1회를 만든 후 같은 자리에 짧은뜨기1회를 뜬다. 나머지 짧은뜨기 7회를 떠서 총 8회를 만들어준다. 나머지 껍질도 만들어준다.

단수	설명	코수
1	짧은뜨기×8회, 빼뜨기, 반시계 방향으로 돌리기	8
2	(기둥코 없이) 두 번째 코부터 짧은뜨기×7회, 반시계 방향으로 돌리기	7
3	(사슬 1개)첫 번째 코부터 짧은뜨기×7회, 반시계 방향으로 돌리기	7
4	(기둥코 없이) 두 번째 코부터 짧은뜨기×6회, 반시계 방향으로 돌리기	6
5	(사슬 1개)첫 번째 코부터 짧은뜨기×6회, 반시계 방향으로 돌리기	6
6	(기둥코 없이) 두 번째 코부터 짧은뜨기×5회, 반시계 방향으로 돌리기	5
7	(사슬 1개)첫 번째 코부터 짧은뜨기×5회, 반시계 방향으로 돌리기	5
8	(기둥코 없이) 두 번째 코부터 짧은뜨기×4회, 반시계 방향으로 돌리기	4
9	(사슬 1개)첫 번째 코부터 짧은뜨기×4회, 반시계 방향으로 돌리기	4
10	(기둥코 없이) 두 번째 코부터 짧은뜨기×3회, 반시계 방향으로 돌리기	3
11	(사슬 1개)첫 번째 코부터 짧은뜨기×3회, 반시계 방향으로 돌리기	3
12	(기둥코 없이) 두 번째 코부터 짧은뜨기×2회, 반시계 방향으로 돌리기	2
13	(사슬 1개)첫 번째 코부터 짧은뜨기×2회, 반시계 방향으로 돌리기	2
14	(사슬 1개)코 줄이기 후 실 정리	1

바나나 완성!

닭 벼슬
코바늘 모사용 5호, 빨간색

> 닭 벼슬 A
> 두 개 만들어주세요.

단수	설명	코수
1	원형 고리 안에 짧은뜨기×5회, 빼뜨기	5
2	코 늘리기×5회	10
3~4	짧은뜨기×10회	10

> 닭 벼슬 B
> 하나만 만들어도 돼요.

단수	설명	코수
1	원형 고리 안에 짧은뜨기×6회, 빼뜨기	6
2	코 늘리기×6회	12
3~5	짧은뜨기×12회	12

Tip!
봉접 실은 둘레의 3배 정도 남겨두고 자른다.

> 후드 앞에서부터 A-B-A 순서대로 봉접해주세요. 솜은 빼고요!

머플머플 머플러
코바늘 모사용 5호, 빨간색

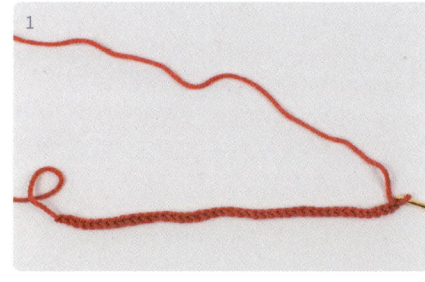

1 기둥코를 포함해 사슬 총 42코를 떠준다.

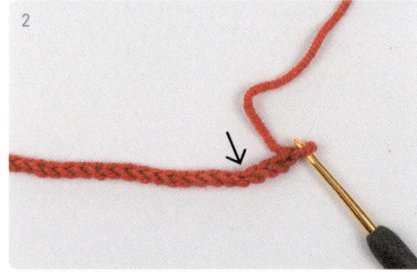

2~3 화살표 표시가 있는 4번 째 사슬에 두 길 긴뜨기 2회를 떠준다.

4 다음 모든 사슬에 두 길 긴뜨기를 3회씩 떠준다.

단수	설명	코수
1	사슬 42개, (4번 째 사슬부터) 두 길 긴뜨기×2회, 매 사슬마다 두 길 긴뜨기×3회	117

> 인형 목에 둘러준 후 첫 코와 마지막 코를 맞대고 꿰매준다.

달걀

코바늘 모사용 5호, 흰색

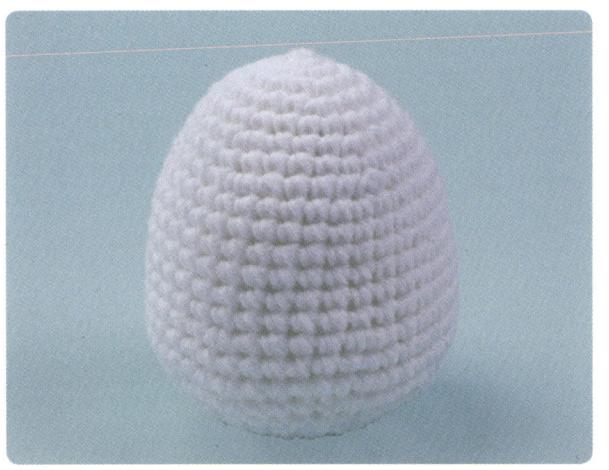

단수	설명	코수
1	원형 고리 안에 짧은뜨기×6회, 빼뜨기	6
2	코 늘리기×6회	12
3	(짧은뜨기×1회, 코 늘리기)×6회	18
4	짧은뜨기×1회, 코 늘리기, (짧은뜨기×2회, 코 늘리기)×5회, 짧은뜨기×1회	24
5	짧은뜨기 ×24회	24
6	(짧은뜨기×3회, 코 늘리기)×6회	30
7	짧은뜨기 ×30회	30
8	(짧은뜨기×4회, 코 늘리기)×6회	36
9~14	짧은뜨기 ×36회	36
15	(짧은뜨기×5회, 코 늘리기)×6회	42
16	짧은뜨기 ×42회	42
17	(짧은뜨기×6회, 코 늘리기)×6회	48
18	짧은뜨기×3회, 코 줄이기, (짧은뜨기×6회, 코 줄이기)×5회, 짧은뜨기×3회	42
19	(짧은뜨기×5회, 코 줄이기)×6회	36
20	짧은뜨기×2회, 코 줄이기, (짧은뜨기×4회, 코 줄이기)×5회, 짧은뜨기×2회	30
21	(짧은뜨기×3회, 코 줄이기)×6회	24
22	짧은뜨기×1회, 코 줄이기, (짧은뜨기×2회, 코 줄이기)×5회, 짧은뜨기×1회	18
	솜 채우기	
23	(짧은뜨기×1회, 코 줄이기)×6회	12
24	코 줄이기×6회	6
	돗바늘 마무리 후 실 정리	

병아리

코바늘 모사용 5호, 연노란색

단수	설명	코수
1	원형 고리 안에 짧은뜨기×6회, 빼뜨기	6
2	코 늘리기×6회	12
3	(짧은뜨기×1회, 코 늘리기)×6회	18
4	짧은뜨기×1회, 코 늘리기, (짧은뜨기×2회, 코 늘리기)×5회, 짧은뜨기×1회	24
5	(짧은뜨기×3회, 코 늘리기)×6회	30
6~8	짧은뜨기 ×30회	30
9	(짧은뜨기×4회, 코 늘리기)×6회	36
10~11	짧은뜨기 ×36회	36
12	(짧은뜨기×5회, 코 늘리기)×6회	42
13~16	짧은뜨기 ×42회	42
17	(짧은뜨기×5회, 코 줄이기)×6회	36
18	짧은뜨기×2회, 코 줄이기, (짧은뜨기×4회, 코 줄이기)×5회, 짧은뜨기×2회	30
19	(짧은뜨기×3회, 코 줄이기)×6회	24
20	짧은뜨기×1회, 코 줄이기, (짧은뜨기×2회, 코 줄이기)×5회, 짧은뜨기×1회	18
	솜 채우기	
21	(짧은뜨기×1회, 코 줄이기)×6회	12
22	코 줄이기×6회	6
	돗바늘 마무리 후 실 정리	

병아리 날개(2개)

코바늘 모사용 5호, 연노란색

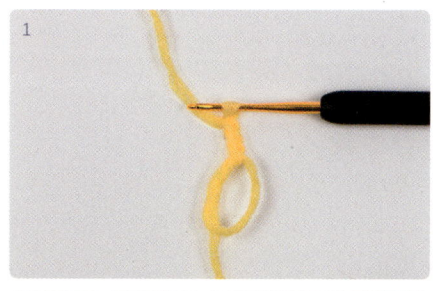

1
원형 고리 안에 기둥코 사슬을 2개 떠준다.

2
이어서 한 길 긴뜨기를 총 8개 떠준다.

3~4
짧은 줄을 당기면 원이 좁혀진다. 첫 코에 빼뜨기 없이 반원인 상태에서 몸통에 봉접해준다.

병아리 봉접

눈은 9단과 10단 사이, 7코 간격을 띄고 봉접해준다. 날개는 10단과 11단 사이, 눈 위치에서 바깥으로 3코 간격을 두고 봉접해준다.

단수	설명	코수
1	원형 고리 안에 기둥코 사슬 2개, 한 길 긴뜨기×8회	9

Tip! 봉접 실은 20cm 정도 남겨두고 자른다.

memo

베이비 개띠와 멍멍이 & 뼈다귀

먹다 남은 뼈다귀를 좋아하는 멍멍이는
그 위에 앉아 있기만 해도
그저 행복한가 봅니다.
나한테는 필요 없는 어떤 것이
누군가에게는 이렇게나 소중할 수 있다는 사실!
행복해하는 멍멍이 덕분에 절로 미소 짓게 됩니다.

귀 만들기 (2개)
코바늘 모사용 5호, 고동색

단수	설명	코수
1	원형 고리 안에 짧은뜨기×6회, 빼뜨기	6
2	코 늘리기×6회	12
3	(짧은뜨기×1회, 코 늘리기)×6회	18
4	짧은뜨기×1회, 코 늘리기, (짧은뜨기×2회, 코 늘리기)×5회 , 짧은뜨기×1회	24
5	(짧은뜨기×5, 코 늘리기)×4회	28
6~10	짧은뜨기×28회	28
11	(짧은뜨기×5회, 코 줄이기)×4회	24
12~13	짧은뜨기×24회	24
14	(짧은뜨기×4회, 코 줄이기)×4회	20
15~16	짧은뜨기×20회	20
17	(짧은뜨기×3회, 코 줄이기)×4회	16
18~19	짧은뜨기×16회	16

앞에서 3단, 21코 간격을 띄고 봉접해준다.

Tip! 봉접 실은 둘레의 3배 정도 남겨두고 자른다.

반점 만들기 (1개)
바늘 모사용 4호, 갈색

단수	설명	코수
1	원형 고리 안에 짧은뜨기×7회, 빼뜨기	7
2	코 늘리기×7회	14
3	(짧은뜨기×1회, 코 늘리기)×7회	21
4	짧은뜨기×1회, 코 늘리기, (짧은뜨기×2회, 코 늘리기)×6회, 짧은뜨기×1회	28

Tip! 봉제 실은 둘레의 3배 정도 남겨두고 자른다.

멍멍이 얼굴
바늘 모사용 4호, 올리브 #15-2

단수	설명	코수
1	원형 고리 안에 짧은뜨기×6회, 빼뜨기	6
2	코 늘리기×6회	12
3	(짧은뜨기×1회, 코 늘리기)×6회	18
4	짧은뜨기×1회, 코 늘리기, (짧은뜨기×2회, 코 늘리기)×5회 반복, 짧은뜨기×1회	24
5	(짧은뜨기×3회, 코 늘리기)×6회	30
6~8	짧은뜨기×30회	30
9	(짧은뜨기×3회, 코 줄이기)×6회	24
10	짧은뜨기×1회, 코 줄이기, (짧은뜨기×2회, 코 줄이기)×5회, 짧은뜨기×1회	18
11	(짧은뜨기×1회, 코 줄이기)×6회	12
	솜 채우기	
12	코 줄이기×6회	6
	돗바늘 마무리 후 실 정리	

memo

원하는 엉덩이 위치에 봉접해보세요.

멍멍이 몸통
바늘 모사용 4호, 황토색

단수	설명	코수
1	원형 고리 안에 짧은뜨기×5회, 빼뜨기	5
2	코 늘리기×5회	10
3	(짧은뜨기×1회, 코 늘리기)×5회	15
4	(짧은뜨기×4회, 코 늘리기)×3회	18
5~9	짧은뜨기×18회	18
10	(짧은뜨기×1회, 코 줄이기)×6회	12
	솜 채우기	
11	코 줄이기×6회	6
	돗바늘 마무리 후 실 정리	

멍멍이 손과 발 (4개)

단수	설명	코수
1	원형 고리 안에 짧은뜨기×6회, 빼뜨기	6
2	코 늘리기×6회	12
3	코 줄이기×6회	6
	솜 채우기	
	돗바늘 마무리 후 실 정리	

Tip! 봉제 실은 둘레의 3배 정도 남겨두고 자른다.

배불러~♡

멍멍이 코

단수	설명	코수
1	원형 고리 안에 짧은뜨기×6회, 빼뜨기	6
2	코 늘리기×6회	12

코를 중앙에 끼울 수 있도록 매직링은 꽉 조이지 마세요.
코를 고정시킨 후 얼굴에 봉접하되,
뒤에 '막음'은 끼우지 않은 채 마무리하세요.

Tip! 봉접 실은 둘레의 3배 정도 남겨두고 자른다.

멍멍이 귀 (2개)

코바늘 모사용 4호, 갈색

단수	설명	코수
1	원형 고리 안에 짧은뜨기×6회, 빼뜨기	6
2	코 늘리기×6회	12
3~4	짧은뜨기×12회	12
5	(짧은뜨기×2회, 코 줄이기)×3회	9
6~7	짧은뜨기×9회	9
8	(짧은뜨기×1회, 코 줄이기)×3회	6

Tip! 봉접 실은 둘레의 3배 정도 남겨두고 자른다.

멍멍이 봉접하기

주둥이는 5번째 단부터 달아주고, 눈은 6번째 단 주둥이 바로 옆에 한알씩 달아주며 귀는 3번째 단에 달아주면 된다.

뼈다귀

코바늘 모사용 4호, 올리브 #13-1

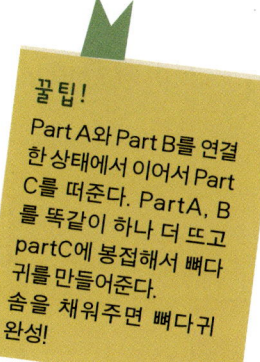

꿀팁!
Part A와 Part B를 연결한 상태에서 이어서 Part C를 떠준다. Part A, B를 똑같이 하나 더 뜨고 part C에 봉접해서 뼈다귀를 만들어준다. 솜을 채워주면 뼈다귀 완성!

뼈다귀 Part A

단수	설명	코수
1	원형 고리 안에 짧은뜨기×6회, 빼뜨기	6
2	코 늘리기×6회	12
3	(짧은뜨기×1회, 코 늘리기)×6회	18
4	짧은뜨기×1회, 코 늘리기, (짧은뜨기×2회, 코 늘리기)×5회, 짧은뜨기×1회	24
5	(짧은뜨기×5회, 코 늘리기)×4회	28
6~8	짧은뜨기×28회	28
9	(짧은뜨기×5회, 코 줄이기)×4회	24
10	짧은뜨기×2회, 코 줄이기, (짧은뜨기×4회, 코 줄이기)×3회 반복, 짧은뜨기×2회	20
11	(짧은뜨기×3회, 코 줄이기)×4회	16
	솜 채우고 실 정리	

1
Part A와 Part B를 연결하기 전 모습.

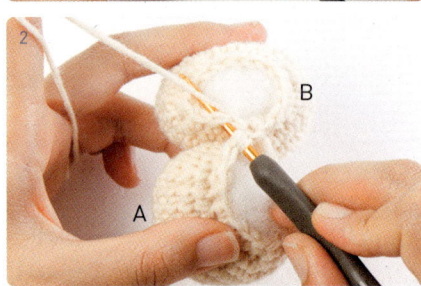

2~9
A와 B를 겉면끼리 맞대고 다음 네 코를 동시에 빼뜨기로 연결해준다.

7
사진과 같이 잡고 왼쪽에 화살표가 있는 코부터 각각 12코씩 떠준다.

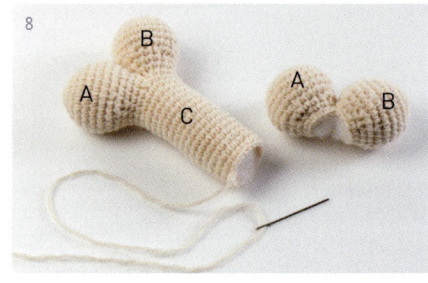

8
13단에 이어서 14단부터 Part C를 떠준 후 실 둘레의 3배를 남긴 후 자른다. Part A와 Part B를 하나 더 떠서 연결한 후 Part C에서 남긴 실로 봉접해준다.

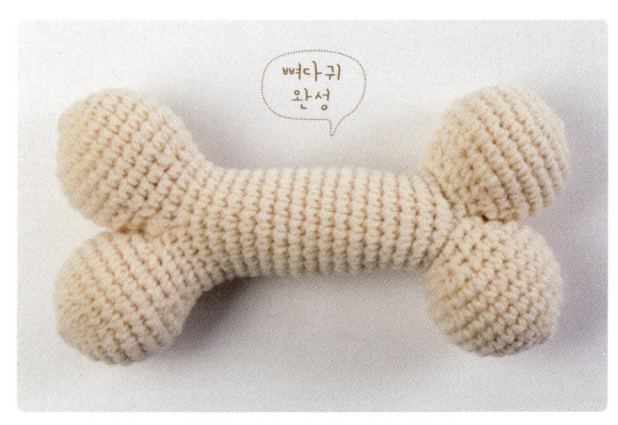

뼈다귀 완성

116

빠다리 Part B&C

단수	설명	코수
1	원형 고리 안에 짧은뜨기×6회	6
2	코 늘리기×6회	12
3	(짧은뜨기×1회, 코 늘리기)×6회 반복	18
4	짧은뜨기×1회, 코 늘리기, (짧은뜨기×2회, 코 늘리기)×5회 반복, 짧은뜨기×1회	24
5	(짧은뜨기×5회, 코 늘리기)×4회 반복	28
6~8	짧은뜨기×28회 반복	28
9	(짧은뜨기×5회, 코 줄이기)×4회 반복	24
10	짧은뜨기×2회, 코 줄이기, (짧은뜨기×4회, 코 줄이기)×3회 반복, 짧은뜨기×2회	20
11	(짧은뜨기×3회, 코 줄이기)×4회 반복	16
12	A와 B를 맞대고 빼뜨기 4회로 가운데를 연결한 후 각각 12코를 떠서 총 24를 만들어준다.	24
	솜 채우기	
13	(코 줄이기, 짧은뜨기10회)×2회 반복	22
14~29	짧은뜨기×22회 반복	22
	솜 채우기	

멍멍! 빠다리 포장해주세요~

117

베이비 돼지띠와 꿀꿀이 & 금은보화

돼지는 부의 상징이기도 하죠?
귀여운 아기 꿀꿀이와 함께
금은보화를 잔뜩 만들어보세요.
금은보화 위에서 뒹구는 아기 꿀꿀이가
정말 행복해 보입니다.
여러분도 동전 많이많이 뜨고
부자되세요!

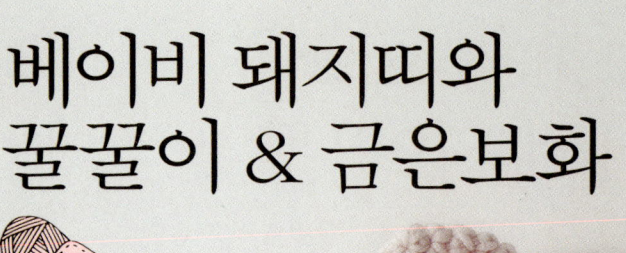

돼지띠

꿀꿀이

금은보화

귀 만들기
코바늘 모사용 5호, 핑크색

단수	설명	코수
1	원형 고리 안에 짧은뜨기×5회, 빼뜨기	5
2	코 늘리기×5회	10
3	(짧은뜨기×1회, 코 늘리기)×5회	15
4~5	짧은뜨기×15회	15
6	코 늘리기, 짧은뜨기×6회, 코 늘리기, 짧은뜨기×7회	17
7	짧은뜨기×17회	17

귀는 앞에서부터 6번째 단, 8코 간격을 띄고 봉접해주세요.

Tip! 봉접 실은 귀 둘레의 약 3배만 남겨두고 자른다.

돼지 코

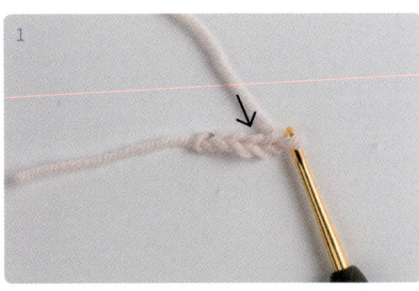

1~2
기둥코를 포함해 사슬 총 4개를 만들어준다. 화살표 표시가 있는 사슬에 코 늘리기를 1회 뜨고 다음 코에 짧은뜨기를 1개 뜬 후 마지막 사슬에 짧은뜨기를 총 3개 떠서 늘려준다. 이어서 반대편 사슬에 짧은뜨기를 2개 떠준 후 첫 코에 빼뜨기 없이 바로 다음 단을 시작해준다.

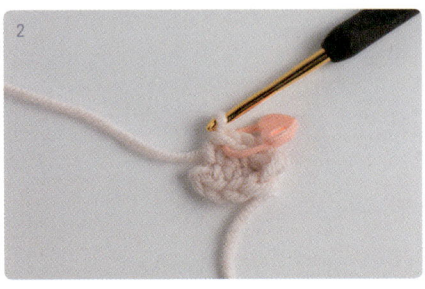

3
첫 코와 두 번째 코에 코 늘리기를 해준 후 다음 코에 짧은뜨기를 1개 떠준다. 다음 세 코에 코 늘리기를 해서 코너를 늘려준 후 다음 코에 짧은뜨기 1개, 마지막 코는 코 늘리기로 마무리해준다.

4
한 단을 짧은뜨기로 떠준다.

6~7
사진과 같은 위치에 양쪽 실을 통과시킨 후 각각 두 번 정도 묶어주어 콧구멍을 표현해준다.

8~9
바깥으로 나와있는 실은 돗바늘을 사용해 안쪽으로 통과시켜준 후 그 실을 얼굴 뒤에 묶어준다.

5
돼지코는 봉접 없이 마스크처럼 얼굴에 씌워준다. 콧구멍과 함께 얼굴에 묶어줄 수 있는 실을 70cm 정도 만들어준다.

꿀꿀이 얼굴
코바늘 모사용 4호, 살색

단수	설명	코수
1	원형 고리 안에 짧은뜨기×6회, 빼뜨기	6
2	코 늘리기×6회	12
3	(짧은뜨기×1회, 코 늘리기)×6회	18
4	짧은뜨기×1회, 코 늘리기, (짧은뜨기×2회, 코 늘리기)×5회 , 짧은뜨기×1회	24
5	(짧은뜨기×3회, 코 늘리기)×6회	30
6~8	짧은뜨기×30회	30
9	(짧은뜨기×3회, 코 줄이기)×6회	24
10	짧은뜨기×1회, 코 줄이기, (짧은뜨기×2회, 코 줄이기)×5회 , 짧은뜨기×1회	18
11	(짧은뜨기×1회, 코 줄이기)×6회	12
	솜 채우기	
12	코 줄이기×6회	6
	돗바늘 마무리 후 실 정리	

꿀꿀이 몸통
코바늘 모사용 4호, 살색

단수	설명	코수
1	원형 고리 안에 짧은뜨기×5회, 빼뜨기	5
2	코 늘리기×5회	10
3	(짧은뜨기×1회, 코 늘리기)×5회	15
4	(짧은뜨기×4회, 코 늘리기)×3회	18
5~9	짧은뜨기×18회	18
	솜 채우기	
10	(짧은뜨기×1회, 코 줄이기)×6회	12
11	코 줄이기×6회	6
	돗바늘 마무리 후 실 정리	

단수	설명	코수
1	사슬 4개, (두 번째 사슬부터) 코 늘리기, 짧은뜨기×1회, (마지막 사슬에)짧은뜨기 3회, 짧은뜨기×2회	8
2	코 늘리기×2회, 짧은뜨기×1회, 코 늘리기×3회, 짧은뜨기×1회 , 코 늘리기×1회	14
3	짧은뜨기 ×14회 후 실 정리	14

Tip! 봉접 실은 둘레의 3배 정도 남겨두고 자른다.

꿀꿀이 손과 발 (4개)

단수	설명	코수
1	원형 고리 안에 짧은뜨기×6코, 빼뜨기	6
2	코 늘리기×6회 반복	12
3	코 줄이기×6회 반복	6
	솜 채우기	
	돗바늘 마무리 후 실 정리	

꿀꿀이 귀 (2개)

단수	설명	코수
1	원형 고리 안에 짧은뜨기×4회, 빼뜨기	4
2	코 늘리기×4회	8
3	(짧은뜨기×3회, 코 늘리기)×2회	10

Tip! 봉접 실은 둘레의 3배 정도 남겨두고 자른다.

꿀꿀이 코

단수	설명	코수
1	사슬 4개, (두 번째 사슬부터)코 늘리기, 짧은뜨기×1회, (마지막 사슬에)3코 늘리기, 짧은뜨기×2회, (첫 코에 빼뜨기 후 실 정리)	8

Tip! 봉접 실은 둘레의 3배 정도 남겨두고 자른다.

꿀꿀이 봉접하기

꿀꿀이 귀는 얼굴 한 단 아래 양쪽에 하나씩 봉접하고 코는 얼굴 중앙에 봉접 후 한 단 위 2코 간격을 띄고 콧구멍을 만들어준다.

금은보화

코바늘 모사용 4호, 노란색

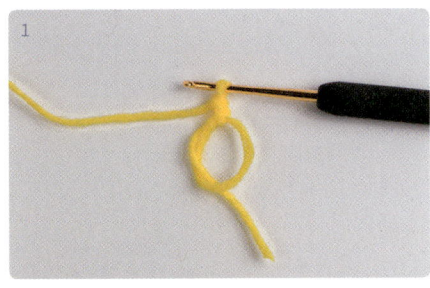

1~2
원형 고리 안에 기둥코 사슬 2개를 떠준다. 이어서 긴뜨기 11개를 떠준다.

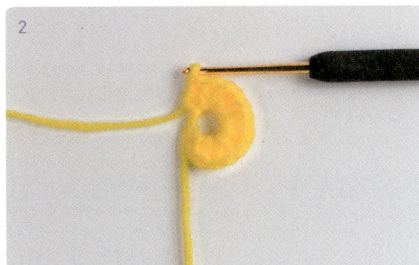

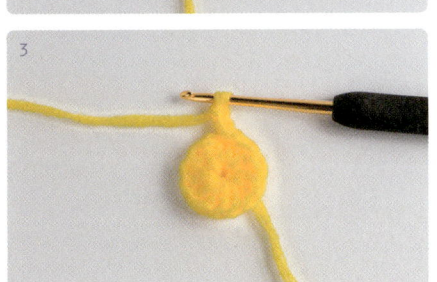

3~5
기둥코에 빼뜨기를 해서 원을 완성시킨 후 기둥코 사슬 2개를 만들어준다. 긴뜨기로 코 늘리기를 11회 떠준다. 기둥코가 있는 자리에 긴뜨기를 1개 더 떠서 총 24코를 만든 후 기둥코에 빼뜨기로 마무리해준다.

단수	설명	코수
1	(원형 고리 안에) 기둥코 사슬 2개, 긴뜨기×11회, (기둥코에)빼뜨기	12
2	기둥코 사슬 2개, (긴뜨기로)코 늘리기×11회, (기둥코 자리에) 긴뜨기×1회, (기둥코에)빼뜨기	24

금은보화는 원하는 만큼 풍성하게 만들어보세요.

나는 부자다!

THANKS TO

제게 언제나 힘이 되어주는 줄리줄스 아뜰리에 수강생님들과
블로그 이웃님들께 감사한 마음을 전하고 싶습니다.

"이건 어때요?", "저건 어때요?" 의견을 물어보면
더 좋은 아이디어를 공유해주셔서 감사하고
제가 시무룩하고 지쳐있을 때 응원의 말 한마디로 힘을 주셔서 감사하며
무엇보다 줄리줄스만의 스타일과 느낌을
진심으로 예뻐해주시고 사랑해주셔서 저 또한 진심으로 감사합니다!
참! 늘 아뜰리에 밝은 에너지를 불어넣어주는 우리 '초딩들' 고마워♡

SPECIAL THANKS TO

저의 새로운 도전에 큰 격려와 박수를 보내준 가족과
지인 분들께 정말 큰 사랑과 감사한 마음을 전합니다.
제 얼굴과 열두 띠 인형들이 더욱 더 예뻐 보이게
표지 촬영을 도와주신 포토그래퍼 이창주 님께 감사하며
독자 분들께서 한 컷, 한 컷 잘 보고 뜰 수 있도록
촬영을 도와준 Studio Come As You Are에도 감사합니다.

줄리줄스의 열 두띠 손뜨개 인형

2016년 11월 01일 초판 1쇄 발행
2020년 07월 14일 초판 4쇄 발행

지은이 | 이현주
펴낸이 | 이종일
편 집 | 박현주
펴낸곳 | 버튼북스
출판등록 | 2020년 4월 9일(제386-251002015000040호)
주 소 | 경기도 부천시 소삼로38 휴안뷰 101동 602호
전 화 | 032)341-2144
팩 스 | 032)342-2144

ⓒ 이현주, 2020
ISBN 979-11-87320-04-3   13590

*본서의 내용을 무단 복제하는 것은 저작권법에 의해 금지되어 있습니다.
*파본이나 잘못된 책은 구입하신 서점에서 교환해 드립니다.